Klick! inklusiv

7|8

Mathematik | Arbeitsheft

Flächen

und Körper

Erarbeitet von
Elisabeth Jenert
Petra Kühne

Mathematik|Arbeitsheft 7|8
Flächen und Körper

Teile dieses Arbeitsheftes basieren auf Inhalten der Lehrwerksreihe Klick! Mathematik.
Diese wurden herausgegeben von Prof. Dr. Franz B. Wember und Meike Busch sowie erarbeitet von
Christel Gerling, Steffen Glaubitz, Daniel Jacob, Elisabeth Jenert, Petra Kühne, Elke Narten, Ines Zemkalis

Redaktion: Inga Knoff, Karen Reitz-Koncebovski
Illustration: Timo Grubing, Münster
Technische Zeichnungen: Christian Böhning, Berlin; lernsatz.de
Umschlaggestaltung: Klein & Halm Grafikdesign, Berlin
Layout: lernsatz.de
Technische Umsetzung: PER MEDIEN & MARKETING GmbH, Braunschweig

Dieses Arbeitsheft ist Bestandteil des Schubers Klick! inklusiv 7/8 (978-3-06-002133-8).
Zu dem Schuber gehören die folgenden Arbeitshefte:
Natürliche und rationale Zahlen / Terme (978-3-06-002120-8)
Brüche und Dezimalzahlen (978-3-06-002121-5)
Prozentrechnung (978-3-06-002122-2)
Zuordnungen / Daten und Zufall (978-3-06-002123-9)
Flächen und Körper (978-3-06-002124-6)
Sachaufgaben (978-3-06-002125-3)

Lösungen und Selbsteinschätzungsbögen zum Arbeitsheft sind als kostenloser Download unter
www.cornelsen.de/klick-inklusiv erhältlich.

www.cornelsen.de

1. Auflage, 4. Druck 2023

Alle Drucke dieser Auflage sind inhaltlich unverändert
und können im Unterricht nebeneinander verwendet werden.

© 2018 Cornelsen Verlag GmbH, Berlin

Druck: Athesia Druck GmbH, Bozen

ISBN 978-3-06-002124-6

PEFC-zertifiziert
Dieses Produkt
stammt aus
nachhaltig
bewirtschafteten
Wäldern
PEFC/18-31-166   www.pefc.de

Inhaltsverzeichnis

		Seite	bearbeitet am:
Flächen	**Start ins Thema:** Flächen	4	
	So geht es: Dreiecke	5	
	Dreiecke bestimmen	6	
	Winkelsumme in Dreiecken	9	
	So geht es: Das Haus der Vierecke	10	
	Das Haus der Vierecke	11	
	Winkelsumme in Vierecken	12	
	Das kann ich schon	13	
Zeichnen und Konstruieren	**Start ins Thema:** Zeichnen und Konstruieren	14	
	So geht es: Dreiecke und Vierecke konstruieren	15	
	Dreiecke konstruieren	16	
	Parallelogramme konstruieren	20	
	Trapeze konstruieren	23	
	Das kann ich schon	25	
Umfang und Flächeninhalt	**Start ins Thema:** Umfang und Flächeninhalt	26	
	So geht es: Umfang und Flächeninhalt berechnen	27	
	Umfang und Fläche	28	
	Umfangsberechnungen	29	
	Flächenberechnungen	33	
	Zusammengesetzte Flächen	37	
	So geht es: Radius, Durchmesser und Kreisumfang	39	
	Radius, Durchmesser und Kreisumfang	40	
	Das kann ich schon	41	
Körper	**Start ins Thema:** Körper	42	
	So geht es: Oberfläche und Volumen von Quadern und Würfeln	43	
	Körper beschreiben	44	
	Oberfläche von Quadern und Würfeln	46	
	Volumen von Quadern und Würfeln	48	
	So geht es: Schrägbilder von Quadern und Würfeln	51	
	Schrägbilder zeichnen	52	
	Das kann ich schon	54	
	Auf einen Blick	55	

Start ins Thema: Flächen

1 Ordne den Flächen den richtigen Namen zu. Verbinde.

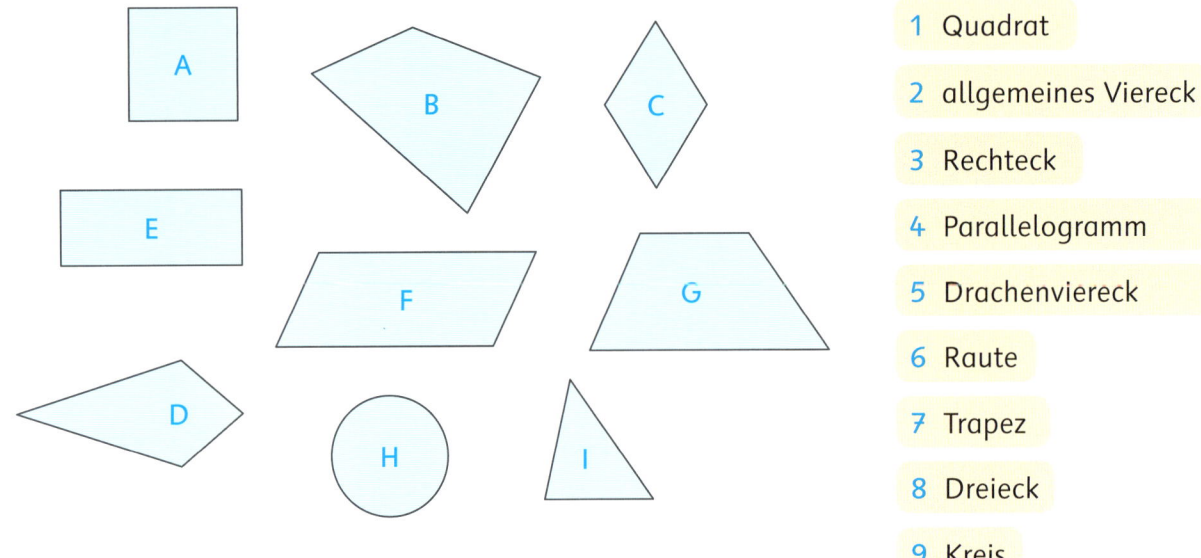

1 Quadrat

2 allgemeines Viereck

3 Rechteck

4 Parallelogramm

5 Drachenviereck

6 Raute

7 Trapez

8 Dreieck

9 Kreis

2 Beschreibe die Eigenschaften von zwei Flächen.

a) _____   _____

_____

_____

_____

b) _____   _____

_____

_____

_____

3 Gestalte eine Figur aus geometrischen Flächen.
Schneide dir dazu verschiedene Flächen aus buntem Papier und klebe sie auf.

So gut kann ich die Aufgaben: ☺ ☺ ☹

So geht es: Dreiecke

Merkmale eines Dreiecks

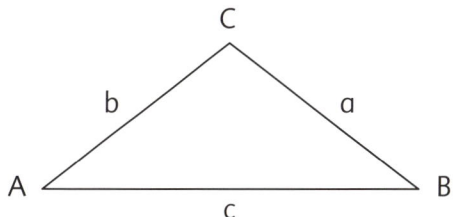

Die **Ecken** des Dreiecks werden mit
großen Buchstaben bezeichnet: A, B, C
Die **Seiten** des Dreiecks werden mit
kleinen Buchstaben bezeichnet: a, b, c
Seite a liegt gegenüber von Ecke A,
Seite b liegt gegenüber von Ecke B,
Seite c liegt gegenüber von Ecke C.

Umfang eines Dreiecks

Der Umfang des Dreiecks wird durch Addieren der Seitenlängen bestimmt.
$u_\triangle = a + b + c$

Einteilung von Dreiecken

Einteilung nach den **Seiten**:

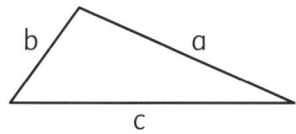

allgemeines Dreieck

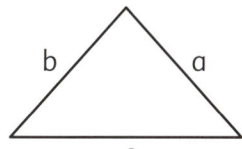

gleichschenkliges Dreieck

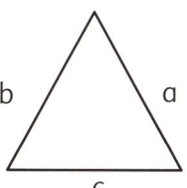

gleichseitiges Dreieck

Einteilung nach den **Winkeln**:

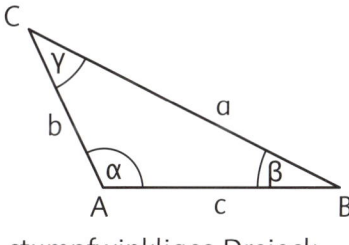

stumpfwinkliges Dreieck

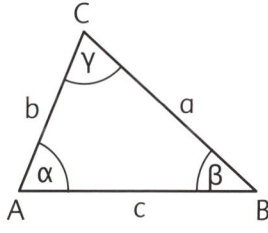

spitzwinkliges Dreieck

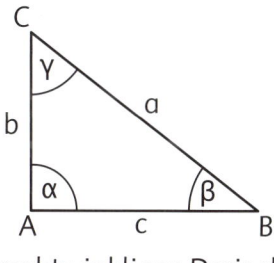

rechtwinkliges Dreieck

Winkelsumme in Dreiecken

Den dritten
Winkel kann
ich berechnen.

Im Dreieck gilt:
$\alpha + \beta + \gamma = 180°$

1 Beschreibe,
wie Ina rechnen kann.

Der dritte Winkel beträgt _____.

Dreiecke bestimmen

1 Benenne die Dreiecke nach ihren Seiten und markiere die Besonderheiten des Dreiecks farbig.

a)

Das ist ein _____ Dreieck,

weil _____ .

b)

Das ist ein _____ Dreieck,

weil _____ .

c)

Das ist ein _____ Dreieck,

weil _____ .

2 Benenne die Dreiecke nach ihren Winkeln und markiere die Besonderheiten des Dreiecks farbig.

a)

Das ist ein _____ Dreieck,

weil _____ .

b)

Das ist ein _____ Dreieck,

weil _____ .

c)

Das ist ein _____ Dreieck,

weil _____ .

3 Setze das vorgegebene Muster fort.

Das sind _____ Dreiecke.

4 a) Bestimme die Dreiecke nach ihren Seiten.

b) Miss die Seitenlängen.

c) Berechne den Umfang der Dreiecke.

I

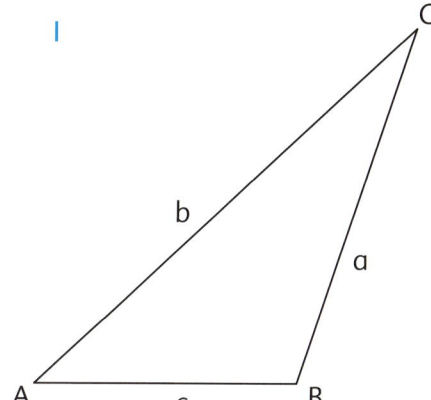

Das ist ein _____ Dreieck.

a =	cm	b =	cm	c =	cm

$u_\triangle$ = ___ cm + ___ cm + ___ cm

$u_\triangle$ = ___ cm

II

Das ist ein _____ Dreieck.

a = ___ cm   b = ___ cm   c = ___ cm

$u_\triangle$ = ___ cm + ___ cm + ___ cm

$u_\triangle$ = ___ cm

III

Das ist ein _____ Dreieck.

a = ___ cm   b = ___ cm   c = ___ cm

$u_\triangle$ = ___ cm + ___ cm + ___ cm

$u_\triangle$ = ___ cm

🔑 gleichschenkliges allgemeines gleichseitiges

d) Ein gleichseitiges Dreieck erkennt man daran, dass _____

_____

e) Ein gleichschenkliges Dreieck erkennt man daran, dass _____

_____

5 a) Bestimme die Dreiecke nach den Winkeln.

b) Miss die Seitenlängen.

c) Berechne den Umfang der Dreiecke.

I

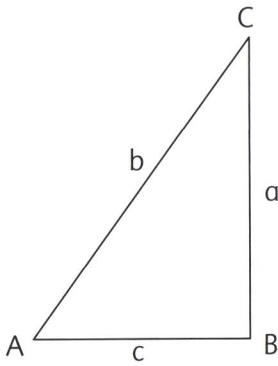

Das ist ein _____ Dreieck.

a =   cm   b =   cm   c =   cm

$u_\triangle$ =   cm +   cm +   cm

$u_\triangle$ =   cm

II

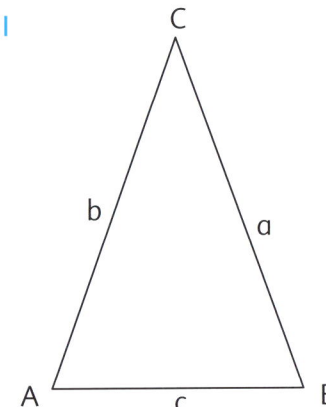

Das ist ein _____ Dreieck.

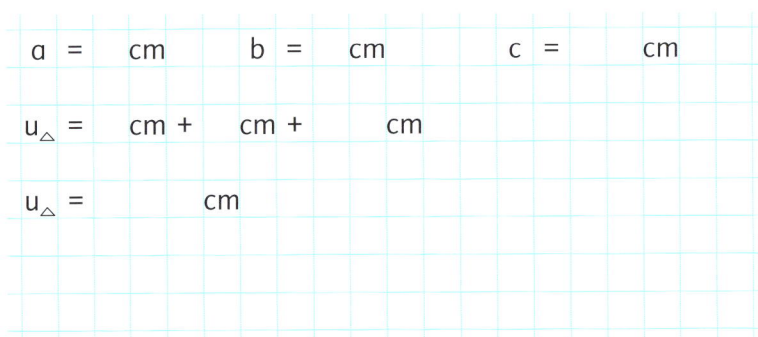

a =   cm   b =   cm   c =   cm

$u_\triangle$ =   cm +   cm +   cm

$u_\triangle$ =   cm

III

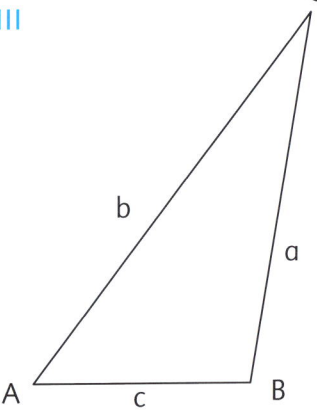

Das ist ein _____ Dreieck.

a =   cm   b =   cm   c =   cm

$u_\triangle$ =   cm +   cm +   cm

$u_\triangle$ =   cm

🔑 spitzwinkliges   rechtwinkliges   stumpfwinkliges

d) Ein stumpfwinkliges Dreieck erkennt man daran, dass _____

_____

e) Ein rechtwinkliges Dreieck erkennt man daran, dass ein Winkel _____ groß ist.

Winkelsumme in Dreiecken

1 a) Bezeichne und miss die Winkel.

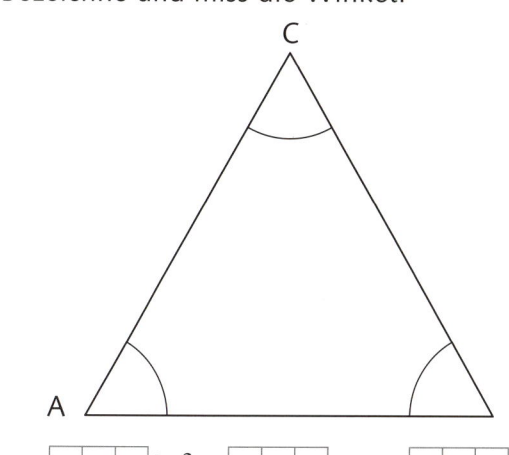

α = ☐☐☐°, β = ☐☐☐°, γ = ☐☐☐°

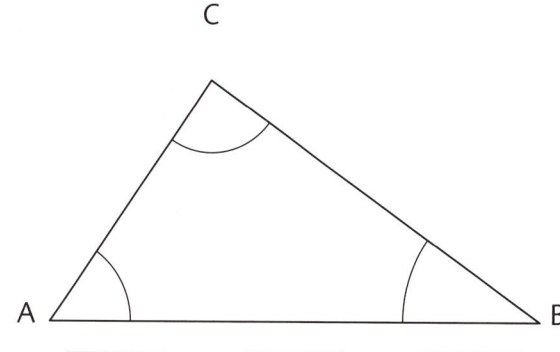

α = ☐☐☐°, β = ☐☐☐°, γ = ☐☐☐°

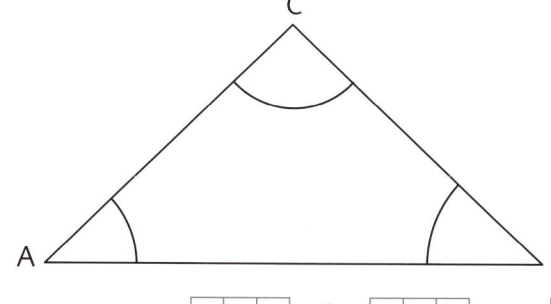

α = ☐☐☐°, β = ☐☐☐°, γ = ☐☐☐°

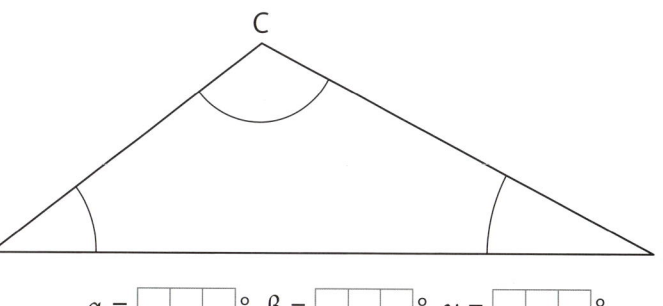

α = ☐☐☐°, β = ☐☐☐°, γ = ☐☐☐°

b) Berechne jeweils die Winkelsumme.

2 Berechne die fehlende Winkelgröße des Dreiecks.

1° 26° 45° 60° 65° 70° 80° 153°

	a)	b)	c)	d)	e)	f)	g)
α	90°	60°		56°	117°	12°	
β	45°		75°			37°	1°
γ		60°	35°	44°		15°	178°

So geht es: Haus der Vierecke

1 Im Haus der Vierecke sind alle Vierecksarten aufgrund ihrer Eigenschaften angeordnet.
Schreibe die Namen der Vierecke in die jeweilige Fläche.

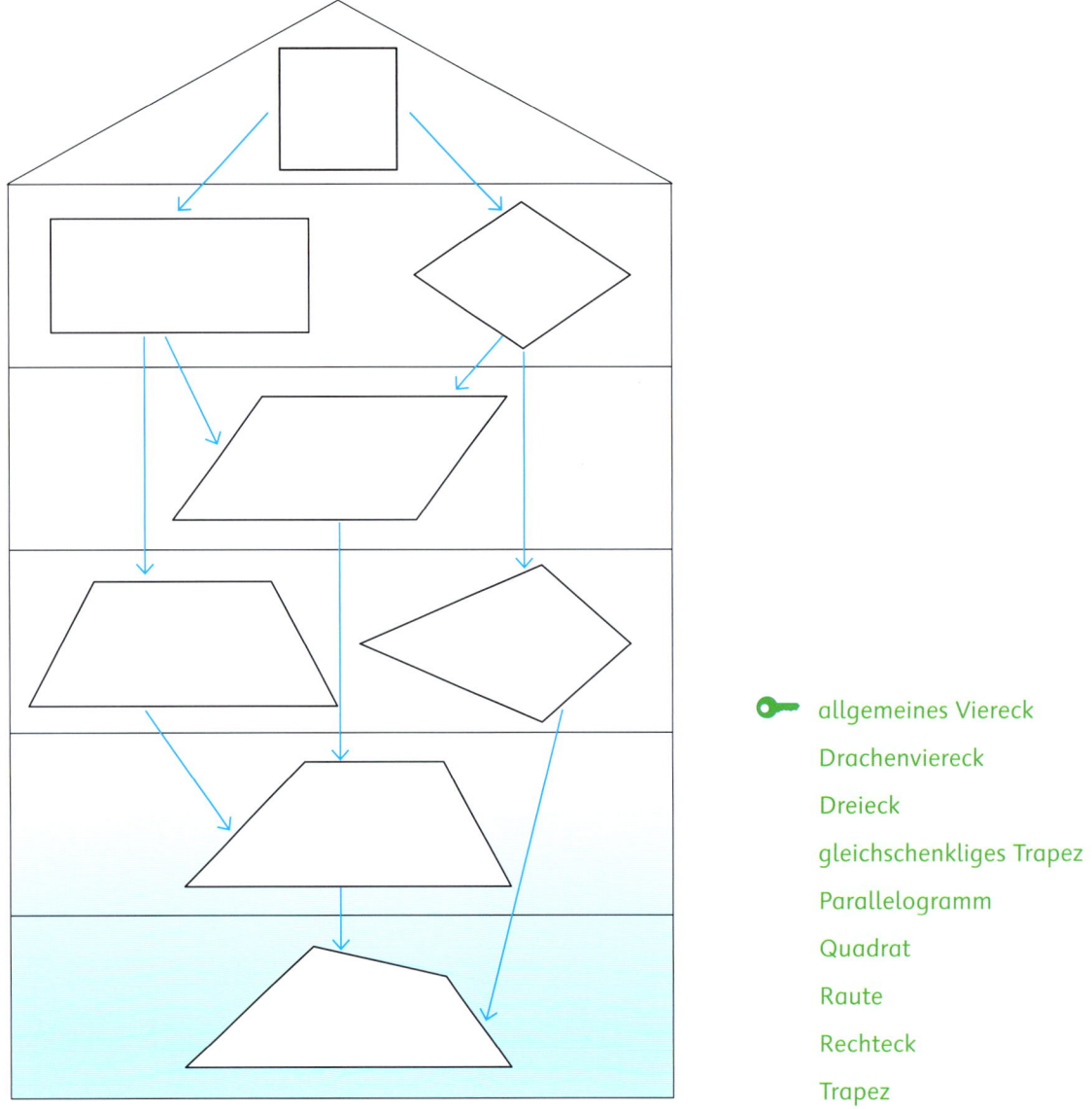

allgemeines Viereck

Drachenviereck

Dreieck

gleichschenkliges Trapez

Parallelogramm

Quadrat

Raute

Rechteck

Trapez

2 Vervollständige die Sätze.

a) Jedes Quadrat ist auch ein _____ und ein _____ .

b) Jedes Rechteck ist auch ein _____ .

c) Jedes Parallelogramm ist auch ein _____ .

d) Jede Raute ist auch ein _____ und

ein _____ .

e) Jedes Trapez ist auch ein _____ .

Das Haus der Vierecke

1 Für welche Vierecke gelten die folgenden Aussagen immer? Kreuze an.

Eigenschaften	Quadrat	Rechteck	Parallelo-gramm	Raute	Drachen-viereck	Trapez	allge-meines Viereck
Die gegenüberliegenden Seiten sind immer gleich lang.							
Die gegenüberliegenden Winkel sind gleich groß.							
Mindestens zwei Seiten sind zueinander parallel.							
Alle Winkel sind gleich groß.							
Mindestens zwei Seiten sind gleich lang.							
Alle Winkel sind rechte Winkel.							
Alle Seiten sind gleich lang.							

2 Zeichne jeweils zwei Vierecke mit den genannten Eigenschaften. Benenne die Vierecke.

a) Die gegenüberliegenden Seiten sind gleich lang. Alle Winkel sind rechte Winkel.

Bezeichnung: _____

_____

b) Die benachbarten Seiten sind immer gleich lang. Die gegenüberliegenden Winkel sind gleich groß.

Bezeichnung: _____

_____

Winkelsumme in Vierecken

1 Miss die fehlenden Winkel. Addiere jeweils die vier Winkel. Was stellst du fest?

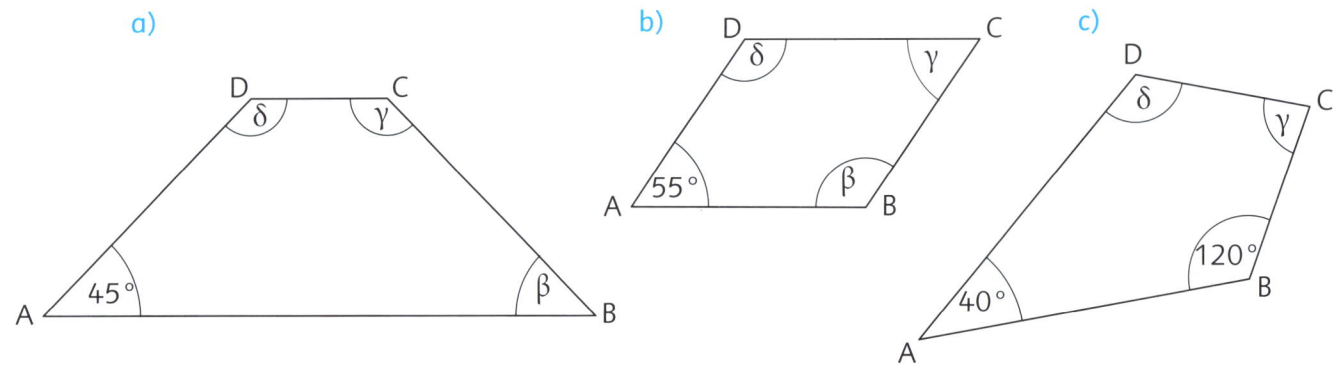

a)   b)   c)

a)			b)			c)		
α	=	4 5°	α	=	5 5°	α	=	4 0°
β	=		β	=		β	=	1 2 0°
γ	=		γ	=		γ	=	
δ	=	_____	δ	=	_____	δ	=	_____
	+			+			+	
	=			=			=	

2

Den vierten Winkel kann ich berechnen.

Im Viereck gilt:
$$\alpha + \beta + \gamma + \delta = 360°$$

Beschreibe,
wie Ina rechnen kann.

3 Berechne jeweils die fehlende Winkelgröße der Vierecke.

🔑 60° 72° 87° 98° 99° 100° 136°

	a)	b)	c)	d)	e)	f)
α	110°	105°		91°	72°	
β	80°	75°	60°	105°		120°
γ	70°	93°	82°		85°	60°
δ			120°	65°	67°	120°

Das kann ich schon

 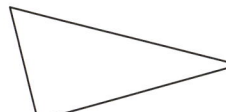  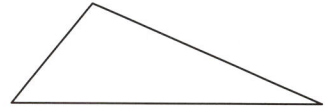 

a) Bestimme die Dreiecke nach den Seiten.

_____ _____ _____ _____

_____ _____ _____ _____

b) Bestimme die Dreiecke nach den Winkeln.

_____ _____ _____ _____

_____ _____ _____ _____

2 Bestimme die fehlenden Winkelgrößen der Dreiecke.

a) $\alpha = 50°$; $\beta = 50°$; $\gamma =$ _____

b) $\gamma = 20°$; $\beta = 100°$; $\alpha =$ _____

 c) $\alpha = 80°$; $\gamma = 50°$; $\beta =$ _____

d) $\alpha = 20°$; $\beta = 45°$; $\gamma =$ _____

3 Für welche Vierecke gelten die folgenden Aussagen? Kreuze an.

Eigenschaften	Quadrat	Rechteck	Parallelo-gramm	Raute	Drachen-viereck	Trapez
a) Alle vier Seiten sind gleich lang.						
b) Mindestens zwei Seiten sind zueinander parallel.						
c) Alle Winkel sind rechte Winkel.						

4 Berechne die fehlenden Winkel der Vierecke. Trage sie in die Tabelle ein.

	α	β	γ	δ
a)	90°	120°		50°
b)	75°		150°	80°
c)	120°	70°	70°	
d)		115°	40°	100°

1 Diese Materialien benötigst du zum Zeichnen und Konstruieren. Schreibe auf.

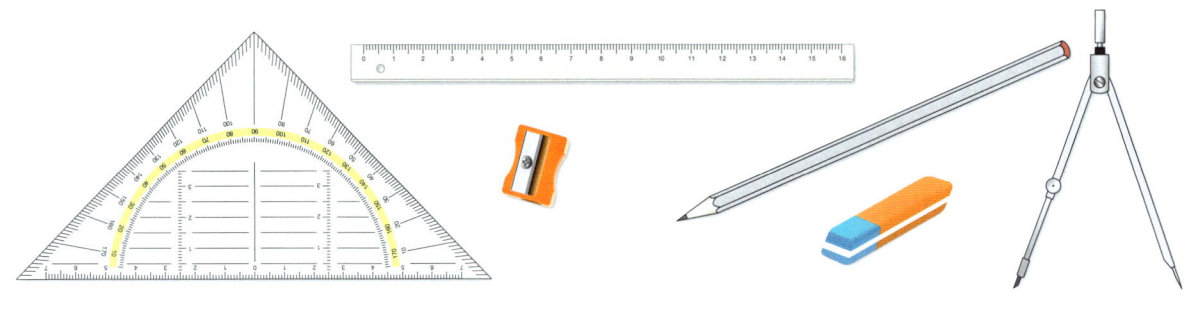

_____

_____

_____

2 Planfiguren helfen weiter. Ordne zu.

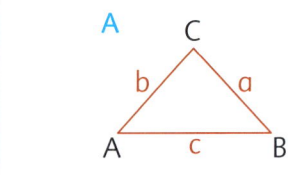

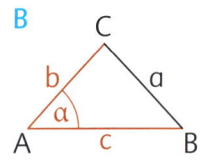

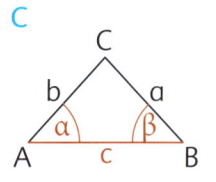

c =	c =	a =
b =	α =	b =
α =	β =	c =

Hier habe ich eine Seite und zwei anliegende Winkel gegeben. Die Konstruktionsbeschreibung heißt **WSW**

Hier habe ich zwei Seiten und den eingeschlossenen Winkel gegeben. Die Konstruktionsbeschreibung heißt **SWS**

Hier habe ich Seite, Seite, Seite gegeben. Die Konstruktionsbeschreibung heißt **SSS**

3 Bezeichne bei den Vierecken die Seiten, Ecken und Winkel.

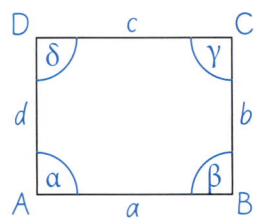

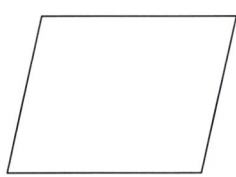

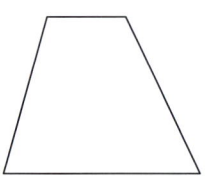

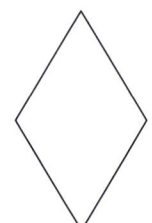

So gut kann ich die Aufgaben: ☺ 😐 ☹

So geht es: Dreiecke und Vierecke konstruieren

Dreiecke konstruieren

Wenn du die Länge einer Seite kennst und die zwei anliegenden Winkel, ist die Konstruktionsbezeichnung WSW.

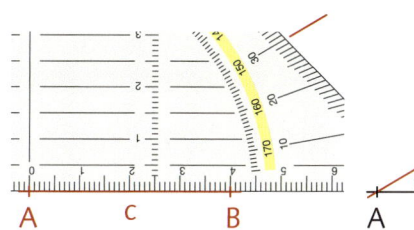 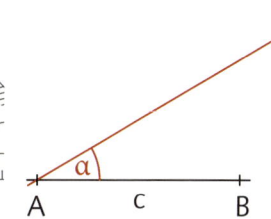 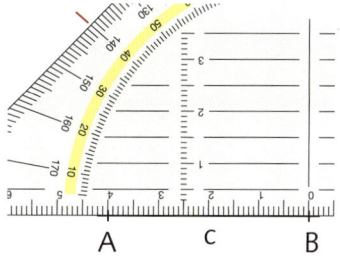 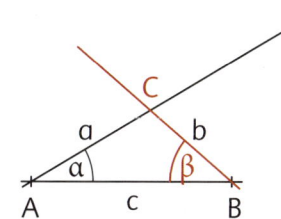

Wenn du die Länge der drei Seiten eines Dreiecks kennst, heißt die Konstruktionsbeschreibung SSS. Hier brauchst du auch den Zirkel.

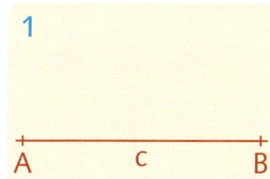 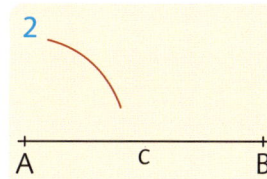 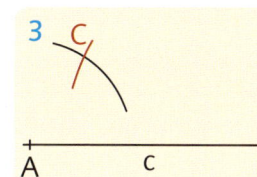 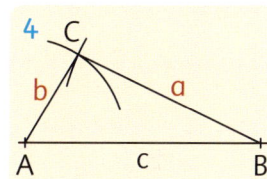

Wenn du die Länge von zwei Seiten und die Größe des eingeschlossenen Winkels kennst, heißt die Konstruktionsbeschreibung SWS.

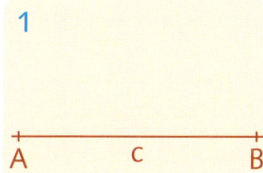 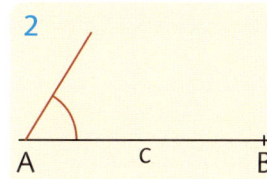 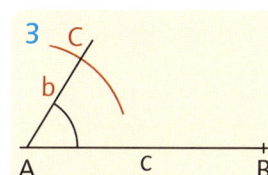 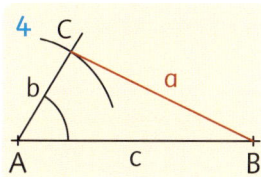

Vierecke konstruieren

So kannst du ein Parallelogramm konstruieren.

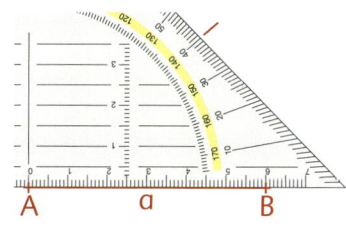 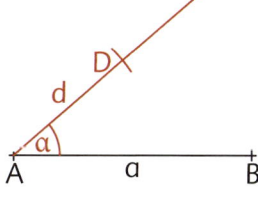 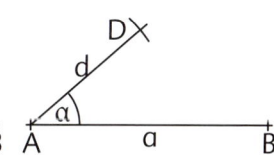 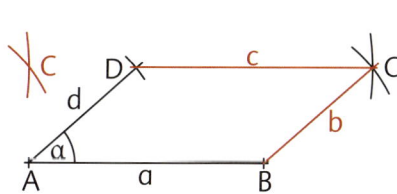

So kannst du ein Trapez konstruieren.

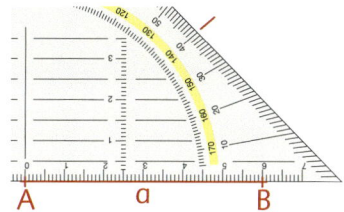 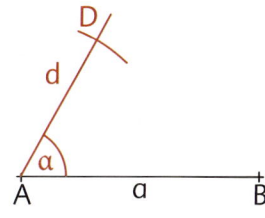 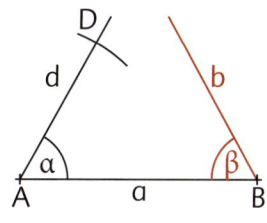 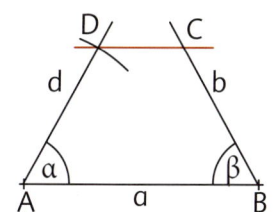

Dreiecke konstruieren

1 Konstruiere folgende Dreiecke. Fertige zuerst eine Planfigur an.

a) $\alpha = 60°$; $\beta = 45°$; $c = 6\,cm$

Planfigur: Konstruktion:

b) $\alpha = 40°$; $\beta = 35°$; $c = 5,5\,cm$

Planfigur: Konstruktion:

c) $\alpha =$ _____ ; $\beta = 50°$; $\gamma = 45°$; $c = 6,5\,cm$

Planfigur: Konstruktion:

Tipp: Mit zwei Winkeln kannst du den dritten berechnen.

d) Bei diesen Aufgaben benutzt man die Konstruktionsbeschreibung _____ .

🔑 SSS   SWS   WSW

2 Konstruiere folgende Dreiecke. Fertige zuerst eine Planfigur an. Nutze den Zirkel.

a) c = 6 cm; a = 5 cm; b = 4 cm

Planfigur: Konstruktion:

Miss den Winkel β.   β ist _____ ° groß.

b) c = 9 cm; a = 3 cm; b = 7 cm

Planfigur: Konstruktion:

Miss den Winkel α.   α ist _____ ° groß.

c) c = 5 cm; a = 5 cm; b = 5 cm

Planfigur: Konstruktion:

Miss den Winkel γ.   γ ist _____ ° groß.

d) Bei diesen Aufgaben benutzt man die Konstruktionsbeschreibung _____.

🗝 SSS   SWS   WSW

3 Konstruiere folgende Dreiecke. Fertige zuerst eine Planfigur an.

a) $c = 6\,cm$; $b = 5\,cm$; $\alpha = 50°$

Planfigur: Konstruktion:

b) $b = 6\,cm$; $a = 8\,cm$; $\gamma = 100°$

Planfigur: Konstruktion:

c) $c = 6{,}5\,cm$; $a = 6{,}5\,cm$; $\beta = 65°$

Planfigur: Konstruktion:

d) Bei diesen Aufgaben benutzt man die Konstruktionsbeschreibung _____ .

⚷ SSS   SWS   WSW

4 Konstruiere folgende Dreiecke. Ermittle durch Messen die fehlenden Größen.

	Seiten			Winkel			Konstruktions-beschreibung
	a	b	c	α	β	γ	
a)	6 cm		8 cm		90°		
b)	5 cm				50°	70°	
c)		4 cm	4 cm	60°			
d)	5 cm	3,5 cm	6,5 cm				

Konstruktionen:

Parallelogramme konstruieren

1 Konstruiere schrittweise das Parallelogramm ABCD mit a = 6 cm, d = 3 cm
und α = 55° nach folgendem Geometriediktat:

a) Zeichne die Strecke a mit einer Länge von 6 cm.

b) Trage im Punkt A den Winkel α = 55° an. Benenne den Schenkel mit d.

c) Schlage um Punkt A einen Kreisbogen mit r = 3 cm. Der Schnittpunkt ist Punkt D.

d) Schlage um Punkt B einen Kreisbogen mit r = 3 cm und um Punkt D mit r = 6 cm.
Der Schnittpunkt ist C. Verbinde die Punkte D mit C und B mit C.

Konstruktion:

2 Konstruiere folgendes Parallelogramm. Fertige zuerst eine Planfigur an.

a = 7 cm	Planfigur:	Konstruktion:
d = 3,5 cm		
α = 70°		

3 Ergänze die Figur zu einem Parallelogramm und beschrifte es vollständig.
Nutze Zirkel und Geodreieck.

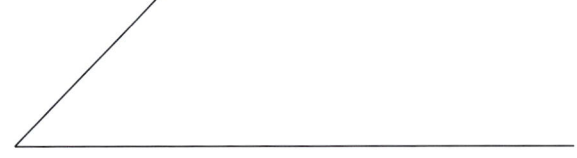

4 Ergänze die Figuren jeweils zu einem Parallelogramm und beschrifte sie vollständig.
Arbeite mit dem Zirkel und dem Geodreieck.

a)

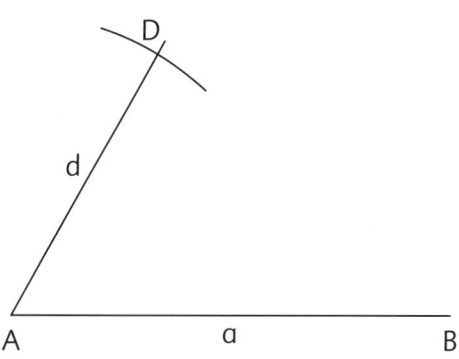

b)

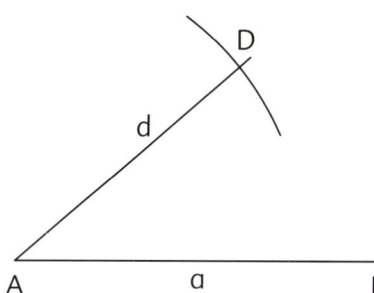

c)

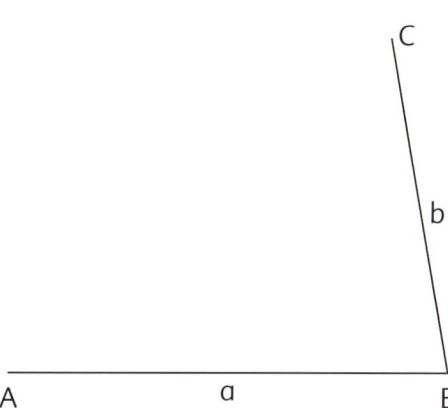

d)

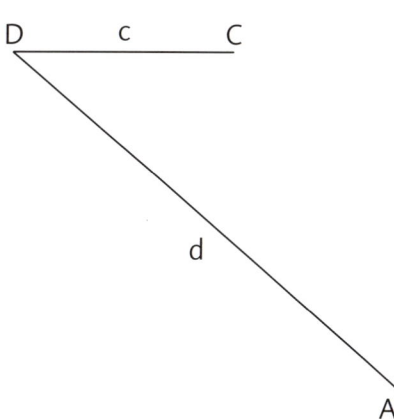

5 Von einem Parallelogramm sind gegeben: a = 7,5 cm, b = 5,8 cm, β = 65°.
Fertige ein Geometriediktat an.

Zuerst zeichne ich mit dem Geodreieck die Seite a mit 7,5 cm. Dann ...

_____

_____

_____

_____

_____

_____

_____

_____

_____

_____

6 Konstruiere folgende Parallelogramme. Fertige zuerst eine Planfigur an.

a) $a = 7\,cm$; $d = 6\,cm$; $\alpha = 50°$

Planfigur: Konstruktion:

b) $a = 6\,cm$; $d = 5\,cm$; $\alpha = 100°$

Planfigur: Konstruktion:

c) $a = 5,5\,cm$; $b = 4,5\,cm$; $\beta = 132°$

Planfigur: Konstruktion:

Trapeze konstruieren

1 Konstruiere das Trapez ABCD nach folgendem Geometriediktat:

Ein Trapez hat ein Paar paralleler Seiten.

a) Zeichne die Seite a mit einer Länge von 4 cm.

b) Trage im Punkt A den Winkel α = 90° an.

c) Schlage um Punkt A einen Kreisbogen mit r = 3 cm. Der Schnittpunkt mit dem Schenkel ist Punkt D.

d) Trage im Punkt B den Winkel β = 90° an.

e) Schlage um Punkt B einen Kreisbogen mit r = 4,5 cm. Der Schnittpunkt mit dem Schenkel ist Punkt C.

f) Verbinde die Punkte C und D miteinander.

g) Markiere die parallelen Seiten farbig.

Konstruktion:

2 Konstruiere folgendes Trapez. Fertige zuerst eine Planfigur an.

a = 5,5 cm

d = 4,5 cm

α = 70°

β = 80°

Planfigur:

Konstruktion:

3 Von einem Trapez sind gegeben: a = 6,5 cm, d = 2,5 cm, α = 50°, β = 70°. Fertige ein Geometriediktat an.

4 Konstruiere folgende Trapeze. Fertige zuerst eine Planfigur an.
Markiere die parallelen Seiten farbig.

a) $a = 7\,cm$; $d = 5\,cm$; $\alpha = 70°$; $\beta = 70°$

Planfigur: Konstruktion:

b) $a = 5,5\,cm$; $d = 3\,cm$; $\alpha = 90°$; $\beta = 132°$

Planfigur: Konstruktion:

c) $a = 11\,cm$; $b = 4,5\,cm$; $\alpha = 50°$; $\beta = 110°$

Planfigur: Konstruktion:

Das kann ich schon

1 Konstruiere das folgende Dreieck. Fertige zuerst eine Planfigur an.

c = 4,5 cm ; α = 52°; β = 49°

Planfigur:	Konstruktion:

☺☺☹ Die Seite b ist _____ cm lang, die Seite a ist _____ cm lang.

2 In welchen Merkmalen unterscheiden sich ein Parallelogramm und ein Drachenviereck? Notiere in Stichworten.

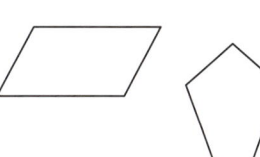

_____ _____
_____ _____
_____ _____
_____ _____
_____ _____
_____ _____
_____ _____

3 Ergänze die Figur zu einem Parallelogramm und beschrifte es vollständig. Nutze Zirkel und Geodreieck

☺☺☹

4 Konstruiere ein Viereck mit folgenden Angaben: a = c = 5 cm, b = d = 7 cm, α = 17°.

☺☺☹ Das Viereck ist ein _____ .

Start ins Thema: Umfang und Flächeninhalt

1 Familie Kowalski im Kleingarten

Für den Zaun muss der _____ berechnet werden.
Kennzeichne ihn auf dem Bild mit rot.

2 Kennzeichne bei den Figuren den Umfang mit rot und die Fläche mit blau.

a)

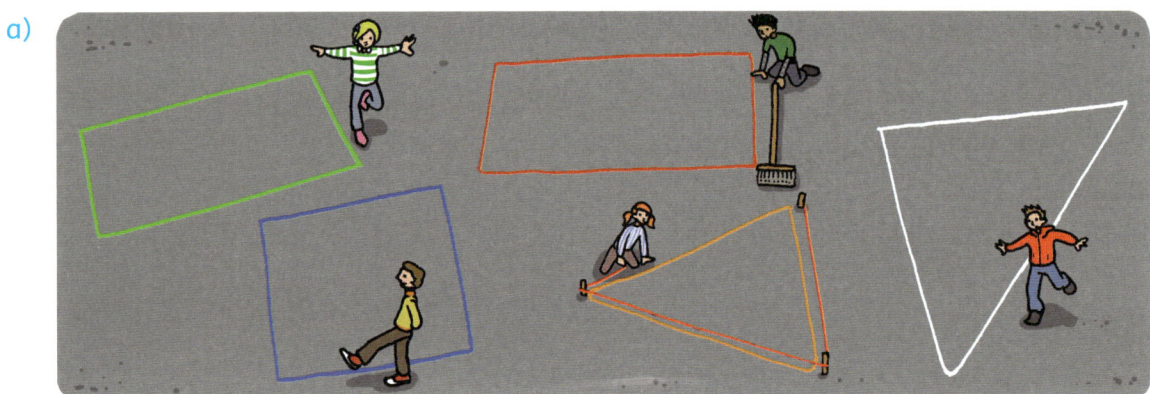

b)

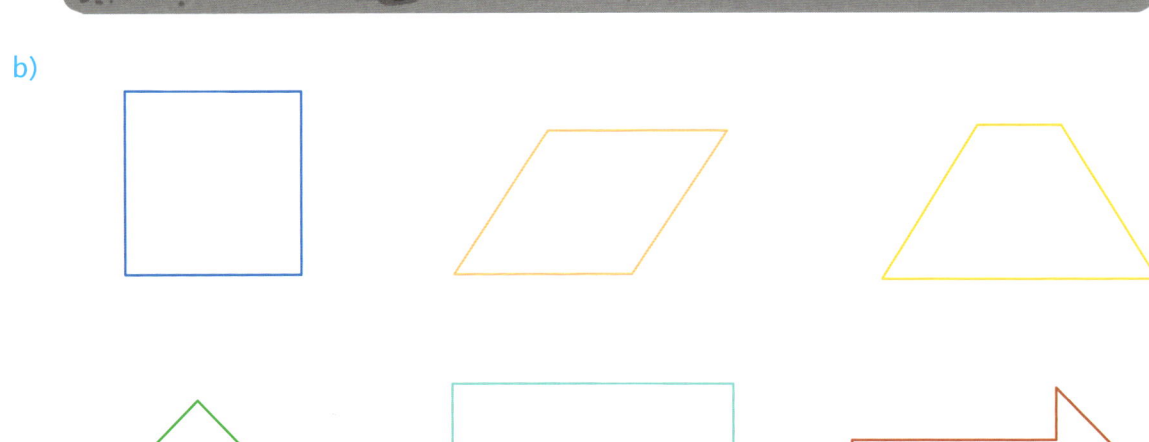

So gut kann ich die Aufgaben: ☺ 😐 ☹

So geht es: Umfang und Flächeninhalt berechnen

Berechnung des Umfangs

Um den Umfang u einer Figur zu berechnen, werden alle Seitenlängen addiert.

a) Umfang des Dreiecks

b) Umfang eines allgemeinen Vierecks

c) Umfang des Rechtecks und des Parallelogramms

d) Umfang des Quadrats

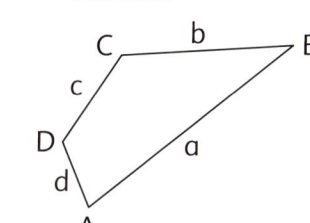

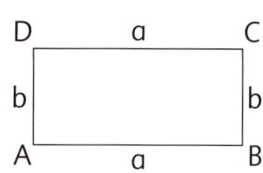

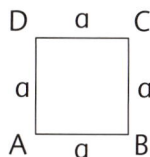

$u_\triangle = a + b + c$

$u = a + b + c + d$

$u_\square = a + b + a + b$
$u_\square = 2 \cdot a + 2 \cdot b$

$u_\square = a + a + a + a$
$u_\square = 4 \cdot a$

Berechnung des Flächeninhaltes

Der Flächeninhalt einer Figur wird mit „A" bezeichnet.

a) Rechteck und Quadrat

Flächeninhalt eines Rechtecks = Länge · Breite $A_\square = a \cdot b$
Flächeninhalt eines Quadrats $A_\square = a \cdot a$

b) Parallelogramm

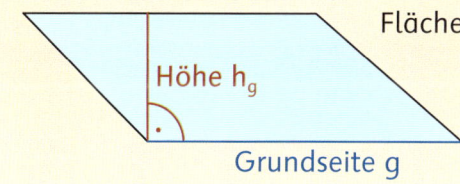

Flächeninhalt$_\square$ = Grundseite · zugehörige Höhe
$$A_\square = g \cdot h_g$$

Die Höhe steht senkrecht auf der Grundseite.

c) Dreieck

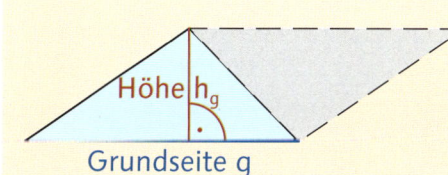

Flächeninhalt$_\triangle$ = Grundseite · Höhe$_g$: 2
$$A_\triangle = g \cdot h_g : 2$$

Das Halbieren darf ich aber nicht vergessen!

d) Trapez

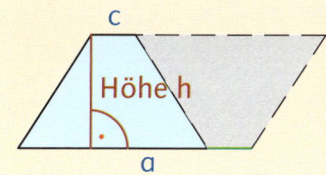

Flächeninhalt$_\triangle$ = Summe der parallelen Seiten · Höhe : 2
$$A_\triangle = (a + c) \cdot h : 2$$

Das Halbieren darf ich nicht vergessen!

Umfang und Fläche

1 In welcher Einheit misst du den Flächeninhalt, in m², cm², oder mm²?

2 a) Miss die Seitenlängen, trage die Werte ein.

b) Vervollständige die Zeichnung zu einem Rechteck und zeichne den Umfang farbig.

c) Färbe die Fläche.

d) Gib den Flächeninhalt an.

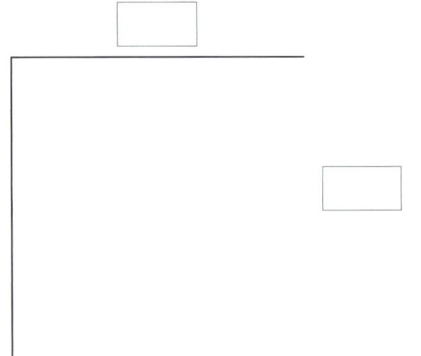

A = _____

A = _____

A = _____

A = _____

Umfangsberechnungen

1 a) Ergänze fehlende Ecken- und Seitenbezeichnungen. Bestimme die Figur.

b) Fahre ihren Umfang farbig nach und färbe den Flächeninhalt.

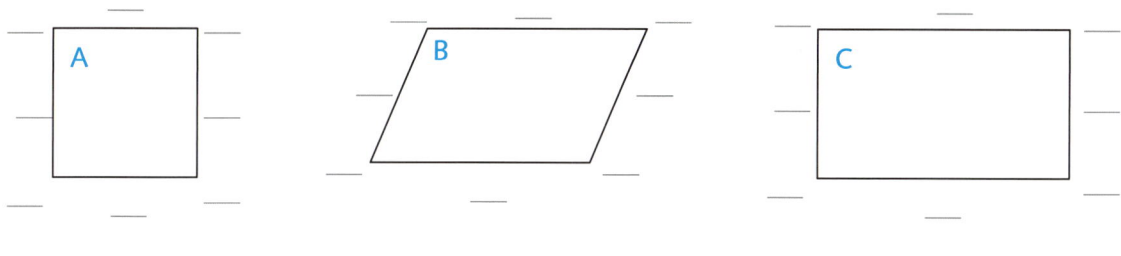

c) Berechne den Umfang.

A $u_\square$ = a   + a   + a   + a

$u_\square$ =   cm +   cm +   cm +   cm

$u_\square$ =   cm

B $u_\square$ =

$u_\square$ =

$u_\square$ =

C $u_\square$ =

$u_\square$ =

$u_\square$ =

2 Rechteck oder Quadrat

a) Überlege zuerst: Um welche Figur handelt es sich: Rechteck oder Quadrat? Schreibe den Namen in die Tabelle.

b) Berechne die fehlenden Werte im Kopf und ergänze die Tabelle.

Figur					
Seite a	110 mm	15 cm	25 cm	30 mm	47 mm
Seite b	110 mm			20 mm	59 mm
Umfang		40 cm	100 cm		

3 Berechne die fehlenden Werte der Rechtecke. Ergänze die Tabelle.

Umfang	96 cm		52 cm 2 mm	
Seite a	20 cm	7,8 cm		
Seite b	28 cm	4,2 cm	12 cm 4 mm	

a)

b)

c)

4 a) Konstruiere ein Rechteck aus Aufgabe **3**.

b) Fahre den Umfang mit rotem Stift nach.

c) Färbe den Flächeninhalt blau.

d) Zeichne ein beliebiges Rechteck. Kennzeichne den Umfang und den Flächeninhalt.

5 Berechne die fehlenden Werte der Parallelogramme. Ergänze die Tabelle.

Umfang	78 cm		45 cm 2 mm	
Seite a	15 cm	5,7 cm		
Seite b		3,4 cm	8 cm 4 mm	

a)

b)

c)

6 a) Konstruiere ein Parallelogramm aus Aufgabe **5**. Du kannst den Winkel α frei wählen.

α = _____

b) Fahre den Umfang mit rotem Stift nach.

c) Färbe den Flächeninhalt blau.

d) Zeichne ein beliebiges Parallelogramm. Kennzeichne den Umfang und den Flächeninhalt.

7 Berechne die fehlenden Werte der Dreiecke und ergänze die Tabelle.

Umfang		12,2 cm	9 cm 9 mm	
Seite a	46 mm	2,6 cm	3 cm 7 mm	
Seite b	46 mm	4,5 cm		
Seite c	46 mm		2 cm 5 mm	

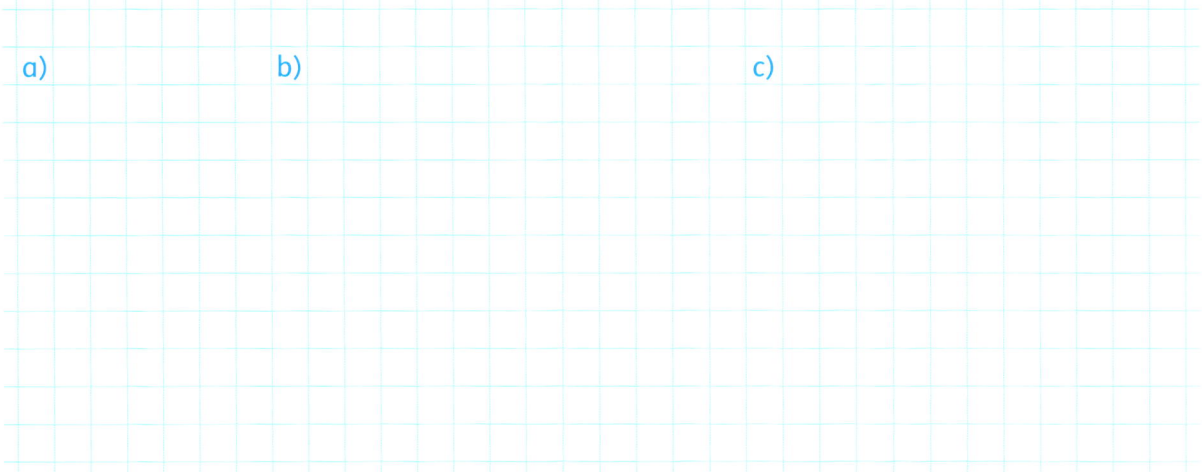

a)   b)   c)

8 a) Konstruiere ein Dreieck aus Aufgabe **7**.

b) Fahre den Umfang farbig nach.

c) Färbe den Flächeninhalt.

d) Zeichne ein beliebiges Dreieck. Kennzeichne den Umfang und den Flächeninhalt.

Flächenberechnungen

1 Berechne die Flächeninhalte der abgebildeten Flächen.

a)

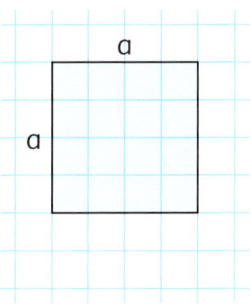

Formel für die Flächenberechnung:

$A_\square$ = _____

Berechnung des Flächeninhalts:

a = ____ cm, b = ____ cm

$A_\square$ = ____ cm · ____ cm

$A_\square$ = ____ cm²

b)

Formel für die Flächenberechnung:

$A_\square$ = _____

Berechnung des Flächeninhalts:

_____

_____

_____

2 Konstruiere die Figuren. Berechne den Flächeninhalt.

a) Ein Quadrat mit a = 4 cm

b) Ein Rechteck mit a = 6 cm, b = 4 cm

3 Familie Kowalski möchte den Fußboden der Küche fliesen. Die Küche ist 4 m lang und 5,5 m breit. Wie viel Quadratmeter Bodenfliesen werden benötigt? Ein Quadratmeter Fliesen kostet 17 €.

Für Fliesen _____ bezahlt Familie Kowalski _____ Euro.

4 Markiere in den Parallelogrammen die Grundseite g in Blau und die Höhe h_g in Rot. Miss die Längen dieser Strecken aus. Berechne die Flächeninhalte in cm².

a)

b)

Formel für die Flächenberechnung: $A_{\square}$ = _____

a) Berechnung des Flächeninhalts:

g = _____ cm, h_g = _____ cm

$A_{\square}$ = _____ cm · _____ cm

$A_{\square}$ = _____ cm²

b) Berechnung des Flächeninhalts:

g = _____ cm, h_g = _____ cm

$A_{\square}$ = _____ cm · _____ cm

$A_{\square}$ = _____ cm²

5 Die Glasfassade des Bürohauses „Dockland" hat die Form eines Parallelogramms. Die Höhe beträgt 29 m. Die Grundseite hat eine Länge von 132 m.

Markiere die Grundseite g in Blau und die zugehörige Höhe h_g in Rot. Berechne die Größe der Fensterfläche. Nutze den Taschenrechner.

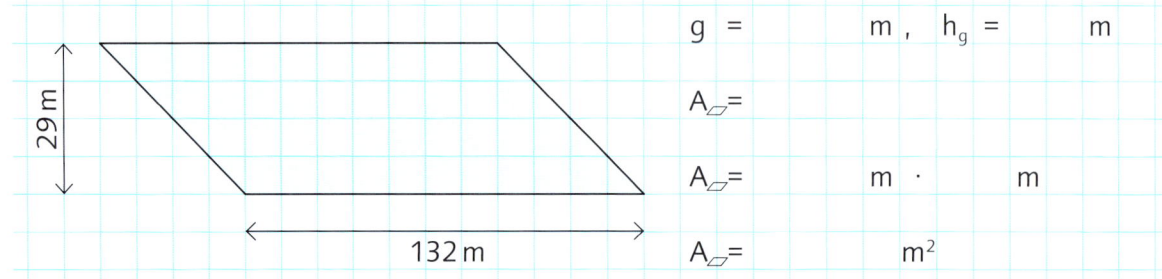

29 m

132 m

g = _____ m , h_g = _____ m

$A_{\square}$ = _____

$A_{\square}$ = _____ m · _____ m

$A_{\square}$ = _____ m²

6 Eine dreieckige Parkfläche soll neu bepflanzt werden. Die Grundseite hat eine Länge von 35 m. Die zugehörige Höhe beträgt 14 m.

a) Wie heißt die Formel für die Flächenberechnung eines Dreiecks?

$A_\triangle =$ _____

b) Markiere im Plan des Parks die Grundseite g in Blau und die zugehörige Höhe h_g in Rot. Berechne den Flächeninhalt der Parkfläche. Nutze den Taschenrechner.

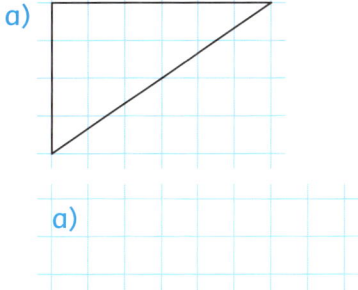

14 m

35 m

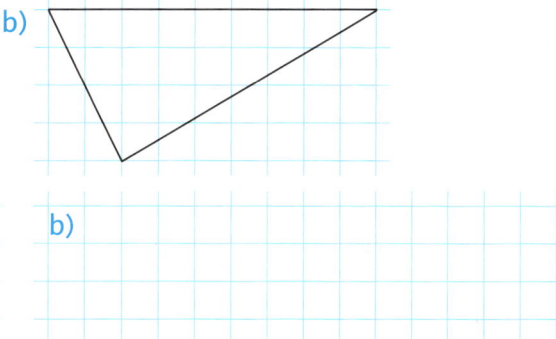

$g =$ ____ m , $h_g =$ ____ m

$A_\triangle =$ ____ · ____ : ____

$A_\triangle =$ ____ m · ____ m : 2

$A_\triangle =$ ____ m²

7 Zeichne in die Dreiecke die Grundseite g in Blau und die zugehörige Höhe h_g in Rot ein. Berechne anschließend den Flächeninhalt.

a)

b)

a)

b)

8 Die Abmessungen einer trapezförmigen Tischfläche kannst du aus der Zeichnung ablesen.

a) Wie heißt die Formel für die Flächenberechnung eines Trapezes?

$A_\triangle =$ _____

b) Markiere in der Zeichnung die parallelen Seiten a und c in Blau und die Höhe h in Rot. Berechne die Größe der Tischfläche. Nutze den Taschenrechner.

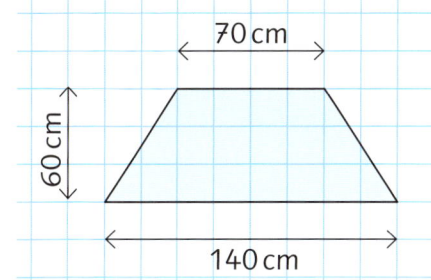

70 cm

60 cm

140 cm

$a =$ ____ cm, $c =$ ____ cm, $h =$ ____ cm,

$A_\triangle = ($ ____ $+$ ____ $) \cdot$ ____ : ____

$A_\triangle = ($ ____ cm $+$ ____ cm) $\cdot$ ____ cm : 2

$A_\triangle =$ ____ cm²

9 Markiere jeweils die parallelen Seiten und die Höhe. Berechne dann den Flächeninhalt.

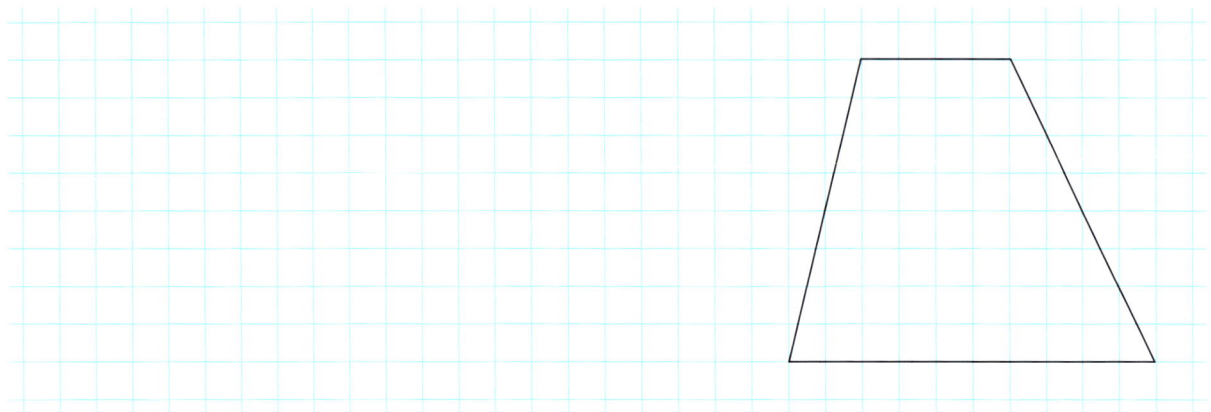

10 Markiere die Strecken, die du zur Berechnung benötigst. Miss aus und berechne den Flächeninhalt von zwei Trapezen deiner Wahl.

a)

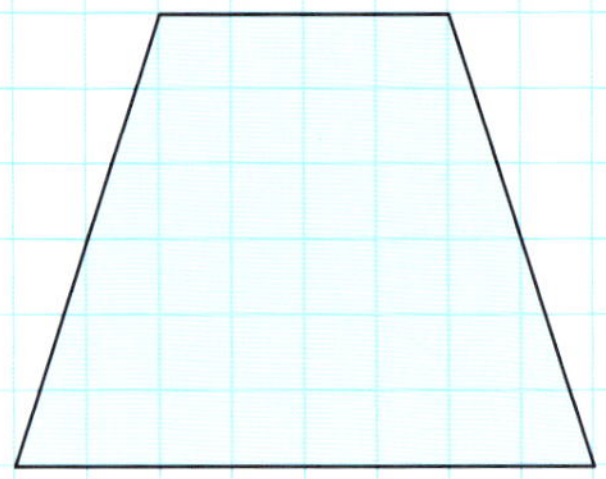

b)

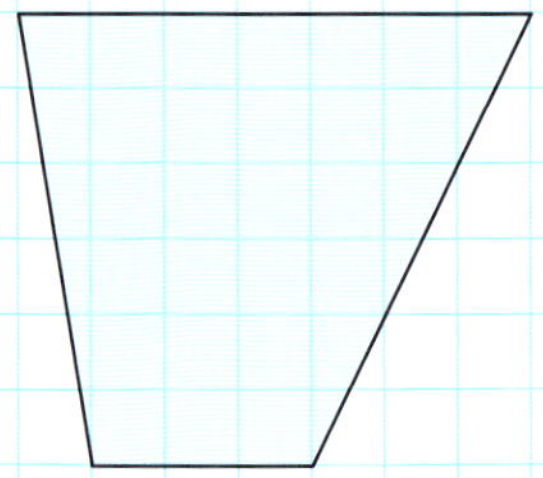

c)

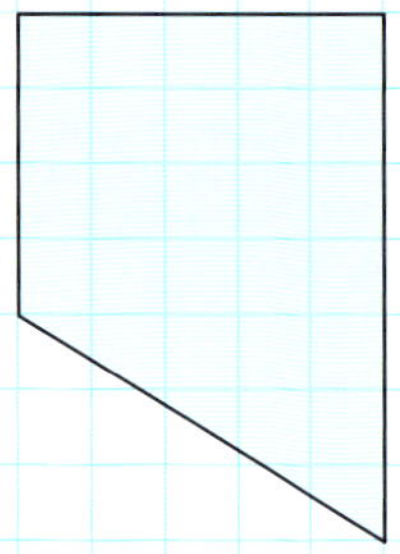

Zusammengesetzte Flächen

1 Berechne jeweils den Flächeninhalt.

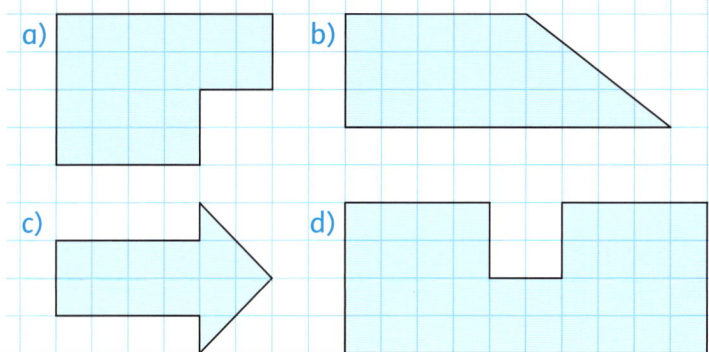

a)

b)

c)

d)

Bei d) berechne
ich zuerst den
Flächeninhalt des
Rechtecks und
subtrahiere davon
den Flächeninhalt
des Quadrats.

2 Berechne jeweils den Flächeninhalt der blau gefärbten Figur. Markiere jeweils die Grundseite und die zugehörige Höhe, wenn erforderlich.

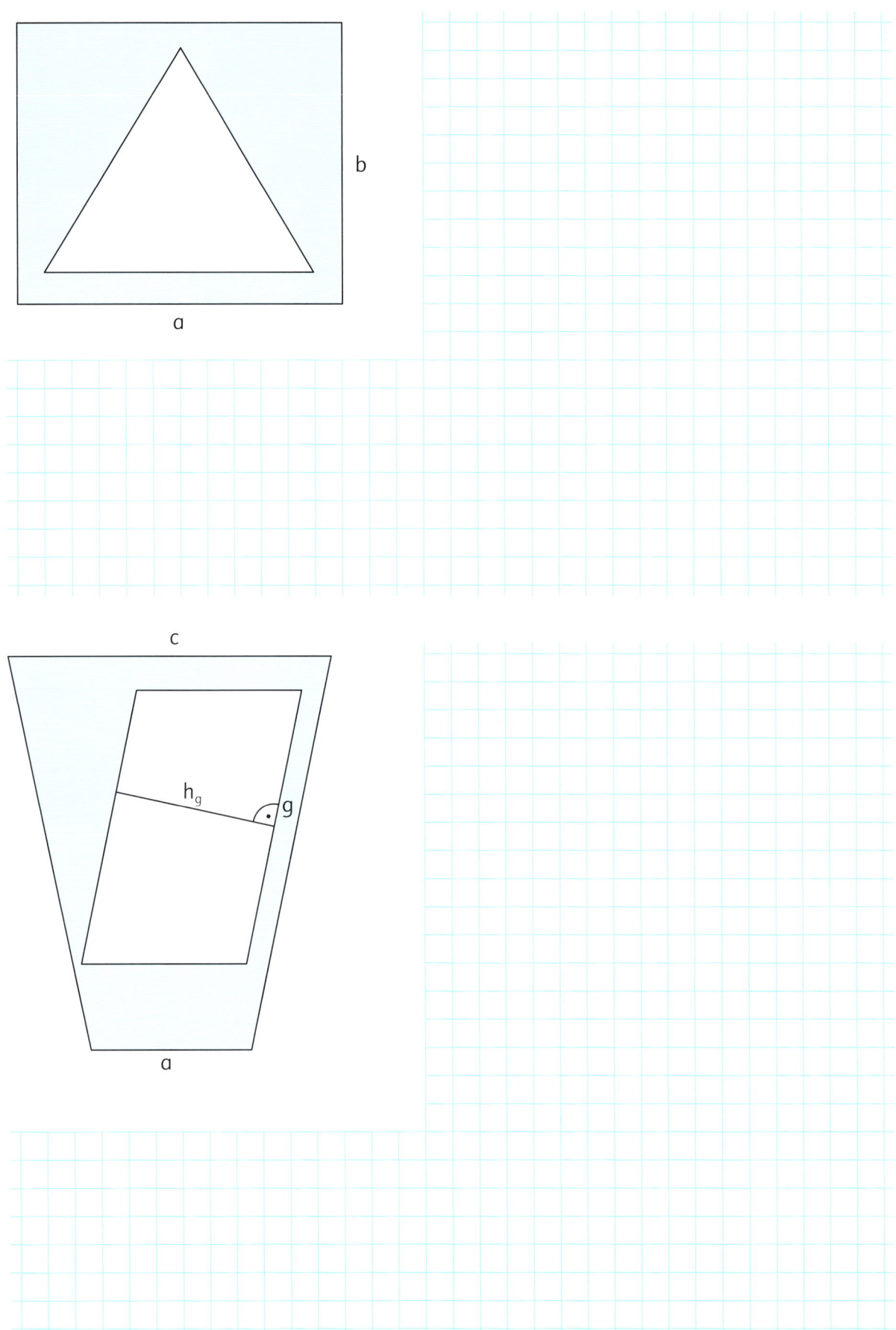

So geht es: Radius, Durchmesser und Kreisumfang

Radius und Durchmesser

Erzähle.

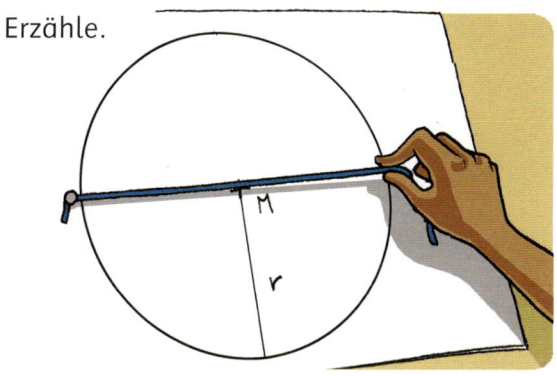

Der Durchmesser ist das Doppelte vom Radius. $d = 2 \cdot r$

Der Radius ist die Hälfte vom Durchmesser. $r = d : 2$

Die Kreiszahl π

Die Kreiszahl heißt „Pi".
π erhalte ich, wenn ich bei meinem Kreis den Umfang u und den Durchmesser d messe und dann u durch d teile. π ist bei jedem Kreis gleich groß.

Mein Taschenrechner hat auch eine Taste π. Wenn ich diese Taste drücke, zeigt er eine Ziffernreihe an, die mit 3,14 beginnt.

Berechnung des Umfangs eines Kreises

Ich kann den Kreisumfang berechnen, wenn ich den Durchmesser kenne.
Ich rechne u = $\pi \cdot$ d.

Kreisumfang:
$u_0 = \quad \pi \cdot d$
$u_0 \approx 3{,}14 \cdot d$

Wenn ich nur r weiß, kann ich u auch bestimmen, da nämlich d gleich 2 mal r ist. Und dann kann ich u = $\pi \cdot$ d rechnen.

1 a)
$r = 9\,cm$
$d = 2 \cdot r$
$u_0 = \pi \cdot d$
$u_0 = \boxed{}$

b)
$r = 13\,cm$
$d = 2 \cdot r$
$u_0 = \pi \cdot d$
$u_0 = \boxed{}$

c)
$r = 18\,cm$
$d = 2 \cdot r$
$u_0 = \pi \cdot d$
$u_0 = \boxed{}$

🔑 48,04 cm   56,55 cm   81,68 cm   113,10 cm

Radius, Durchmesser und Kreisumfang

Nutze für die Aufgaben den Taschenrechner.

1 Berechne den Umfang u_o aus dem Durchmesser d. Runde auf zwei Stellen nach dem Komma.

a) d = 7 cm

$u_o = \pi \cdot d$

$u_o = $ [   ]

b) d = 17 cm

$u_o = \pi \cdot d$

$u_o = $ [   ]

c) d = 77 cm

$u_o = \pi \cdot d$

$u_o = $ [   ]

d) d = 107 cm

$u_o = \pi \cdot d$

$u_o = $ [   ]

e) d = 13 dm

$u_o = \pi \cdot d$

$u_o = $ [   ]

f) d = 53 m

$u_o = \pi \cdot d$

$u_o = $ [   ]

g) d = 3,6 cm

$u_o = \pi \cdot d$

$u_o = $ [   ]

h) d = 17,4 km

$u_o = \pi \cdot d$

$u_o = $ [   ]

2 Berechne den Umfang u_o aus dem Radius r. Runde auf zwei Stellen nach dem Komma.

a) r = 9 cm

d = r · 2

d = [   ]

$u_o = \pi \cdot d$

$u_o = $ [   ]

b) r = 28 cm

d = r · 2

d = [   ]

$u_o = \pi \cdot d$

$u_o = $ [   ]

c) r = 78 cm

d = r · 2

d = [   ]

$u_o = \pi \cdot d$

$u_o = $ [   ]

d) r = 108 cm

d = r · 2

d = [   ]

$u_o = \pi \cdot d$

$u_o = $ [   ]

3 Berechne den Durchmesser d aus dem Umfang u_o.
Bei den Ergebnissen sind nur die Stellen vor dem Komma wichtig.

a) u_o = 47,13 cm

$d = u_o : \pi$

d = [   ]

b) u_o = 109,96 cm

$d = u_o : \pi$

d = [   ]

c) u_o = 267,04 cm

$d = u_o : \pi$

d = [   ]

4 Berechne den Radius r aus dem Umfang u_o.
Beim Ergebnis sind nur die Stellen vor dem Komma wichtig.

a) u_o = 157,08 cm

$d = u_o : \pi$

d = [   ]

r = d : 2

r = [   ]

b) u_o = 314,16 cm

$d = u_o : \pi$

d = [   ]

r = d : 2

r = [   ]

c) u_o = 628,32 cm

$d = u_o : \pi$

d = [   ]

r = d : 2

r = [   ]

Das kann ich schon

1 Berechne den Umfang und den Flächeninhalt dieses _____

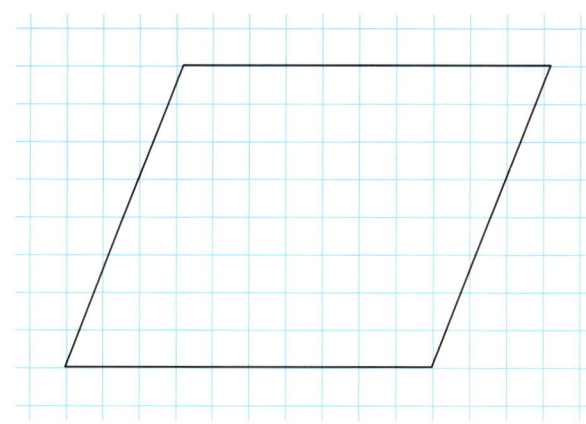

$u_\square =$ _____

$a =$ _____ cm, $b =$ _____ cm

$c =$ _____ cm, $d =$ _____ cm

$u_\square =$ _____

$u_\square =$ _____ cm

$g =$ _____ cm, $h_g =$ _____ cm

$A =$ _____ cm · _____ cm

$A =$ _____ cm²

☺☺☹

2 Berechne den Flächeninhalt. Zerlege zuerst in Teilflächen. Beschrifte sinnvoll.

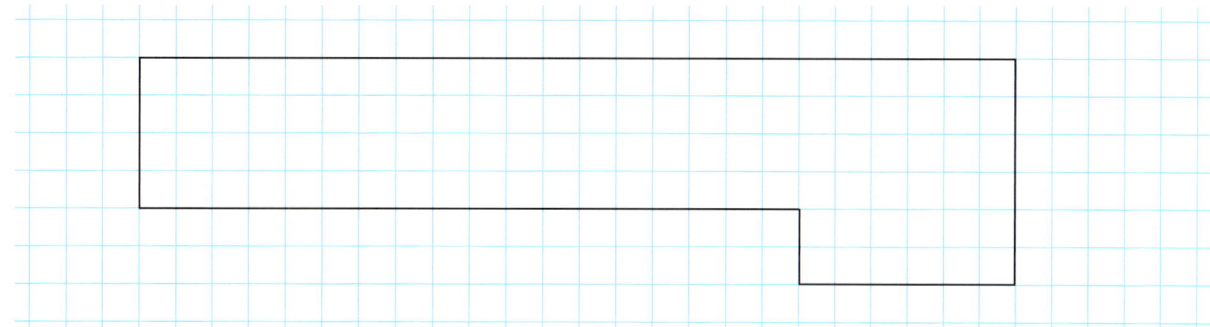

Flächenberechnung Teilfläche 1:

$a =$ _____ cm, $b =$ _____ cm

$A_1 =$ _____ cm · _____ cm

☺☺☹ $A_1 =$ _____ cm²

Flächenberechnung Teilfläche 2:

_____

_____

$A_1 =$ _____ cm²; $A_1 + A_2 =$ _____ cm²

3 Bestimme den Durchmesser und berechne den Umfang des Kreises.

☺☺☹

Start ins Thema: Körper

1 Welche Körper sind abgebildet? Ordne die Begriffe zu. Verbinde.

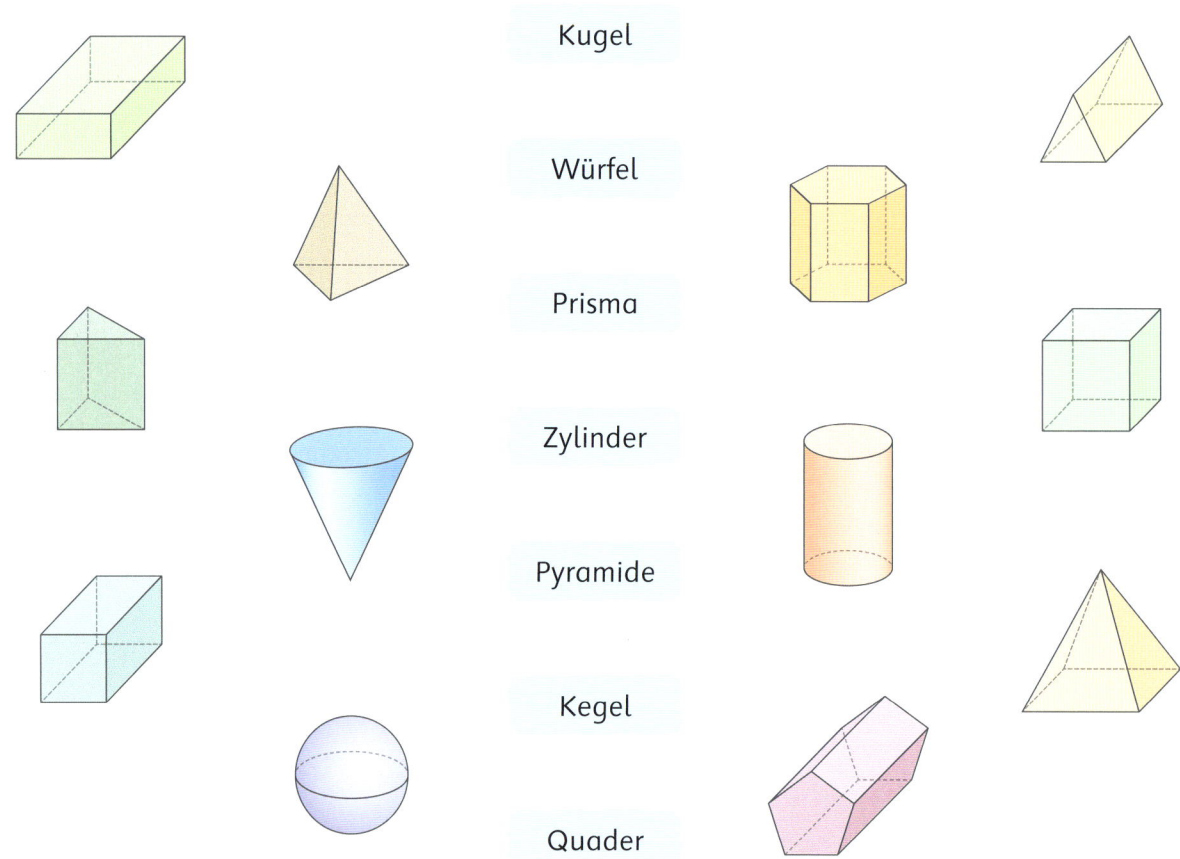

Kugel

Würfel

Prisma

Zylinder

Pyramide

Kegel

Quader

2 Bezeichnungen an Körpern

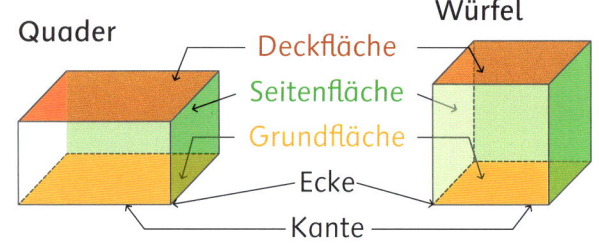

Quader   Würfel

Deckfläche
Seitenfläche
Grundfläche
Ecke
Kante

a) Ein Würfel hat _____ Ecken, _____ Kanten und insgesamt _____ Flächen, wenn man Seitenflächen, Deck- und Grundfläche zusammenrechnet.

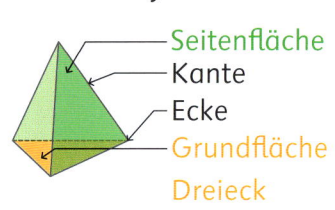

Dreiecks-Pyramide

Seitenfläche
Kante
Ecke
Grundfläche
Dreieck

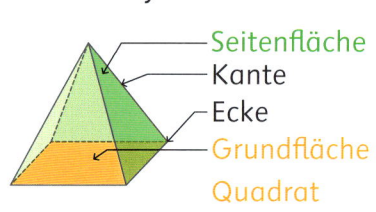

Vierecks-Pyramide

Seitenfläche
Kante
Ecke
Grundfläche
Quadrat

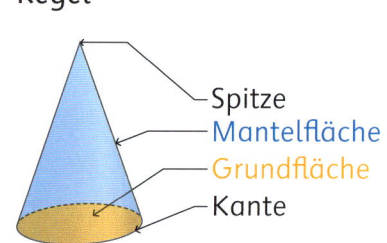

Kegel

Spitze
Mantelfläche
Grundfläche
Kante

b) Was haben Würfel und Vierecks-Pyramide gemeinsam?

_____

So gut kann ich die Aufgaben: 😊 😐 ☹

So geht es: Oberfläche und Volumen von Würfeln und Quadern

Oberfläche

So berechnest du die Oberfläche eines Quaders oder Würfels.
1. Berechne den Flächeninhalt jeder einzelnen Fläche.
2. Addiere dann die Flächeninhalte aller Flächen.

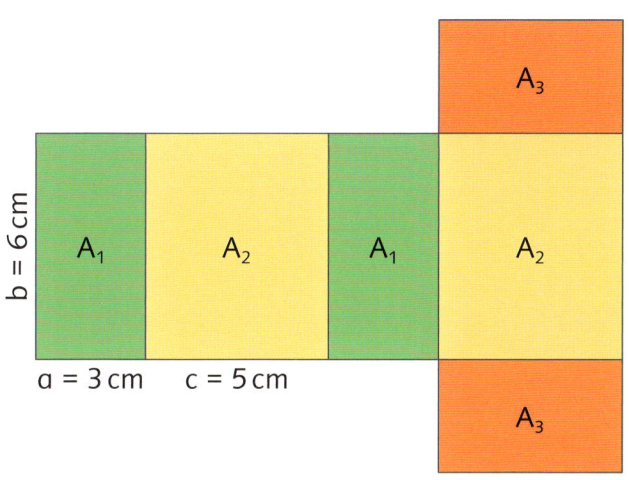

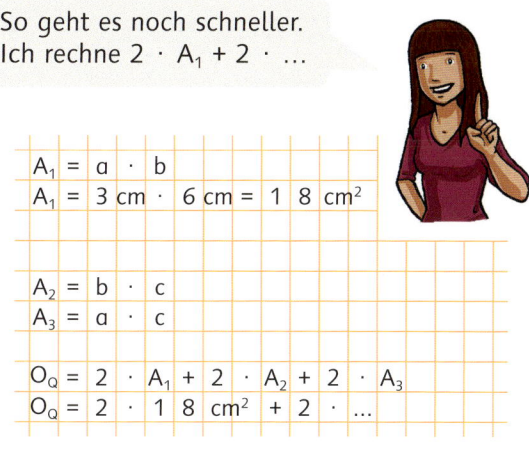

So geht es noch schneller.
Ich rechne $2 \cdot A_1 + 2 \cdot \ldots$

$A_1 = a \cdot b$
$A_1 = 3\,cm \cdot 6\,cm = 18\,cm^2$

$A_2 = b \cdot c$
$A_3 = a \cdot c$

$O_Q = 2 \cdot A_1 + 2 \cdot A_2 + 2 \cdot A_3$
$O_Q = 2 \cdot 18\,cm^2 + 2 \cdot \ldots$

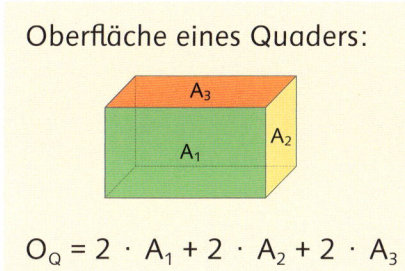

Oberfläche eines Quaders:

$O_Q = 2 \cdot A_1 + 2 \cdot A_2 + 2 \cdot A_3$

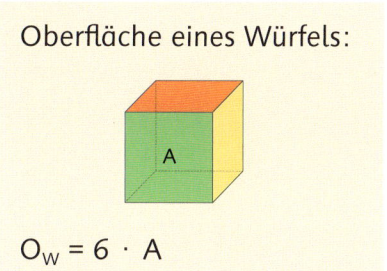

Oberfläche eines Würfels:

$O_W = 6 \cdot A$

Volumen

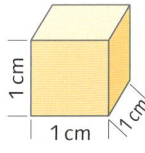

Ein Würfel mit der Kantenlänge 1 cm heißt Zentimeterwürfel.
Ein Zentimeterwürfel hat ein Volumen von 1 cm³.

ein
Kubikzentimeter

Ich kann das Volumen eines Körpers bestimmen, indem ich ihn mit Zentimeterwürfeln auslege.

Das Volumen eines Körpers wird mit „V" bezeichnet.
Das Volumen wird angegeben in Kubikmillimeter (mm³), Kubikzentimeter (cm³), Kubikdezimeter (dm³), Kubikmeter (m³) …

$V = $ Länge $\cdot$ Breite $\cdot$ Höhe
$V = $ Grundfläche $\cdot$ Höhe

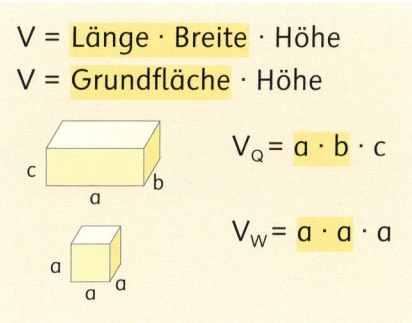

$V_Q = a \cdot b \cdot c$

$V_W = a \cdot a \cdot a$

Körper beschreiben

1 Welche Eigenschaften haben die Körper. Vervollständige die Tabelle.

Körper	Name des Körpers	Anzahl der Ecken	Anzahl der Kanten	Anzahl der Flächen	Beispiele aus der Umwelt

2 Welche Körper aus Aufgabe **1** erfüllen folgende Eigenschaften?

a) Zwei gegenüberliegende Flächen sind parallel zueinander.

_____

b) Zwei gegenüberliegende Flächen sind deckungsgleich.

_____

c) Der Körper hat keine ebenen Flächen.

_____

d) Der Körper hat zwei Kreisflächen.

_____

e) Der Körper besteht aus zwei Flächen.

_____

3 Ergänze die Lückentexte.

a) Ein Quader hat _____ Ecken, _____ Kanten und _____ Flächen.

Alle Flächen sind _____, gegenüberliegende Flächen sind _____.

b) Ein Kegel hat _____ Ecke(n). _____ Kante(n) und _____ Flächen.

Außerdem hat ein Kegel eine _____. _____ Fläche(n) ist (sind) eben,

_____ Fläche(n) ist (sind) gekrümmt.

c) Ein dreiseitiges Prisma hat _____ Ecken, _____ Kanten und _____ Flächen.

Grund- und Deckfläche sind _____. Alle Seitenflächen sind _____.

4 Stimmen diese Aussagen? Kreuze an.

	ja	nein
Bei einem Würfel sind alle Seitenflächen gleich groß.		
Die Grundfläche von Pyramiden ist immer ein Quadrat.		
Ein Zylinder hat zwei Ecken.		
Eine Kugel hat keine Kanten.		
Die Grundfläche des Kegels ist kreisförmig.		
Es gibt Körper ohne Ecken.		
Die Seitenflächen von Pyramiden sind immer Dreiecke.		
Ein Quader hat sechs gleiche Flächen.		

Oberfläche von Quadern und Würfeln

1 Berechne die Oberfläche
des Quaders.
Der Quader hat die Maße
$a = 3\,cm$, $b = 6\,cm$, $c = 5\,cm$.

Berechne zuerst die Flächeninhalte von A_1, A_2 und A_3.
Rechne dann erst weiter.

Ergänze die Lücken.

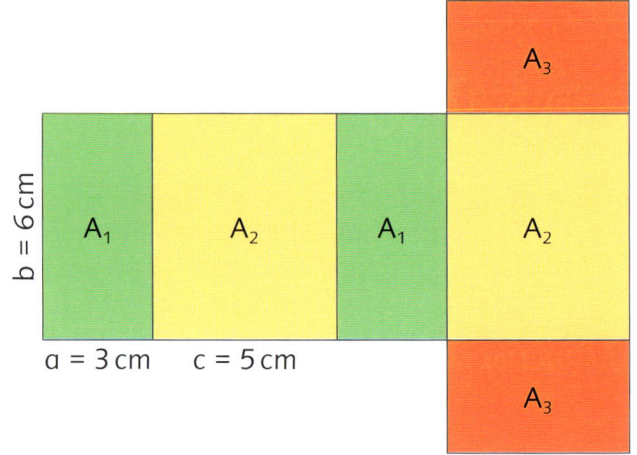

$$A_1 = a \quad \cdot \quad b \qquad\qquad A_2 = b \quad \cdot \quad c \qquad\qquad A_3 = a \quad \cdot \quad c$$
$$A_1 = 3\,cm \cdot 6\,cm \qquad A_2 = 6\,cm \cdot \quad cm \qquad A_3 = \quad cm \cdot \quad cm$$
$$A_1 = 1\,8\,cm^2 \qquad\qquad A_2 = \quad cm^2 \qquad\qquad A_3 = \quad cm^2$$

$$O_Q = 2 \cdot A_1 \qquad\quad + 2 \cdot A_2 \qquad\quad + 2 \cdot A_3$$

$$O_Q = 2 \cdot 1\,8\,cm^2 + 2 \cdot \quad cm^2 + 2 \cdot \quad cm^2$$

$$O_Q = \quad 3\,6\,cm^2 + \quad cm^2 + \quad cm^2$$

$$O_Q = \quad cm^2$$

2 Berechne die Oberfläche des Quaders mit den Maßen
$a = 2\,cm$, $b = 5\,cm$, $c = 6\,cm$

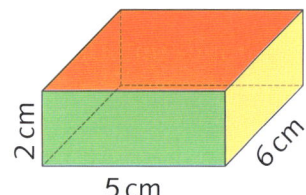

$$A_1 = a \quad \cdot \quad b \qquad\qquad A_2 = \qquad\qquad\qquad A_3 =$$
$$A_1 = \quad cm \cdot \quad cm \qquad A_2 =$$
$$A_1 = \quad cm^2 \qquad\qquad A_2 =$$

$$O_Q = 2 \cdot A_1 \qquad\quad + 2 \cdot A_2 \qquad\quad + 2 \cdot A_3$$

$$O_Q =$$

$$O_Q =$$

$$O_Q =$$

3 Ein Quader hat die Maße a = 1 cm, b = 2 cm und c = 4 cm.

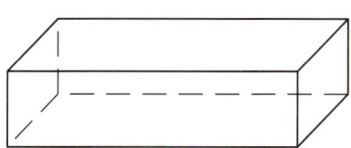

a) Kennzeichne gegenüberliegende Flächen in gleicher Farbe.

b) Ergänze im Quadernetz die Längenangaben der Kanten.

c) Benenne die unterschiedlich großen Flächen mit A_1, A_2, A_3 und berechne ihren Flächeninhalt.

$A_1 =$ _____

$A_2 =$ _____

$A_3 =$ _____

d) Berechne die Oberfläche des Quaders.

$O_Q = 2 \cdot A_1 + 2 \cdot A_2 + 2 \cdot A_3$ $O_Q = 2 \cdot$ _____ $+ 2 \cdot$ _____ $+ 2 \cdot$ _____

$O_Q =$ _____

4 Ein Würfel hat eine Kantenlänge von 2 cm.

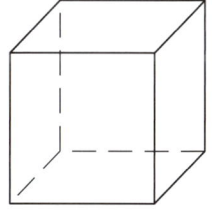

a) Ergänze im Würfelnetz die Längenangaben der Kanten.

b) Berechne den Flächeninhalt einer Fläche des Würfels.

$A =$ _____

c) Berechne die Oberfläche des Würfels.

$O_W = 6 \cdot A$ $O_W =$ _____

Volumen von Quadern und Würfeln

1 Welcher Körper hat das größte Volumen?

a) Schätze zuerst und kreuze an.

A    B 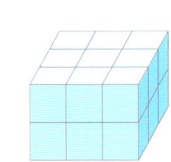   C 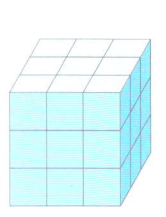   D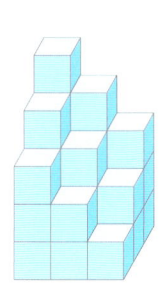

b) Ermittle das Volumen. Überprüfe, ob du richtig geschätzt hast.

A
V = _____ cm³   B
V = _____ cm³   C
V = _____ cm³   D
V = _____ cm³

2 Wie groß ist das Volumen der Kiste?

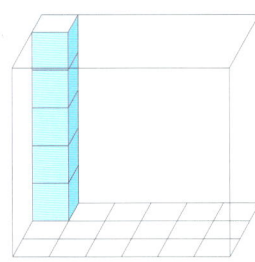

a) Die untere Lage besteht aus _____ Zentimeterwürfeln.

b) Es passen _____ Lagen Zentimeterwürfel in die Kiste.

c) Insgesamt passen _____ Zentimeterwürfel in die Kiste.

d) Das Volumen der Kiste beträgt:

V_Q = _____ cm³

3 Ein Container soll mit Kisten gefüllt werden. Die würfelförmigen Kisten haben eine Kantenlänge von 1 m. Wie viele Kisten passen in den Container?

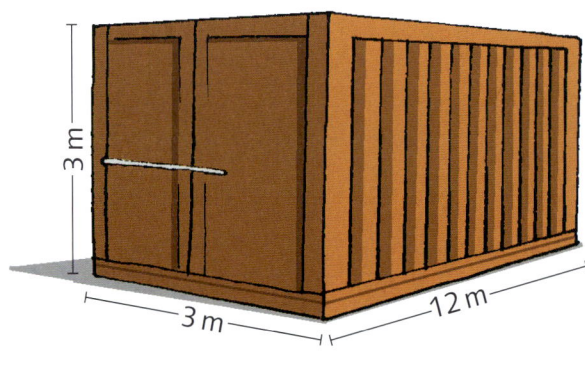

Antwort: _____

_____

4 Ein Würfel hat eine Kantenlänge von 2 cm.

a) Ergänze die Maße an der Zeichnung.

b) Berechne dann das Volumen.

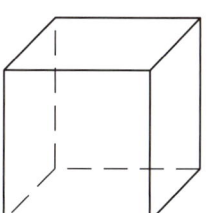

5 Berechne das Volumen der Würfel. Fülle die Tabelle aus. Nutze den Taschenrechner.

a)	Kantenlänge a	3 cm	4 cm	18 m	39 m
	Volumen V				

b)	Kantenlänge a	14 dm	17 dm	9 cm	87 cm
	Volumen V				

6 Ein Quader hat eine Kantenlänge von a = 1 cm; b = 2 cm und c = 4 cm.

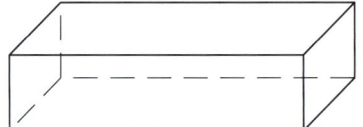

   a) Ergänze die Maße an der Zeichnung.

   b) Berechne dann das Volumen.

7 Gib die Kantenlängen der Quader in Zentimeter an und berechne das Volumen.

Länge a in cm	Breite b in cm	Höhe c in cm	Volumen V in cm³

   a) a = 1,5 dm; b = 0,8 dm; c = 0,5 dm

   b) a = 4,2 m; b = 0,6 m; c = 1,2 m

   c) a = 24 dm; b = 120 mm; c = 0,7 m

   d) a = 1,2 m; b = 12 cm; c = 12 dm

So geht es: Schrägbilder von Quadern und Würfeln

Anleitung zum Zeichnen eines Schrägbildes

Zeichne einen Quader mit den Kantenlängen
a = 5 cm; b = 2 cm; c = 4 cm.

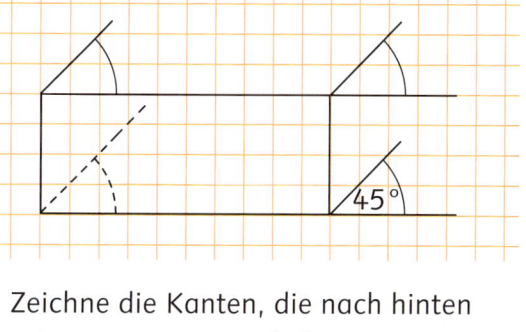

1.

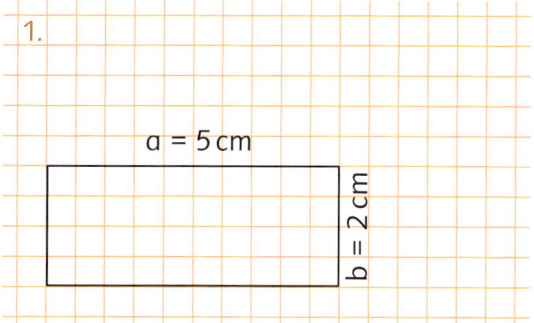

Zeichne ein Rechteck mit den Kantenlängen a = 5 cm und b = 2 cm.

2.

Zeichne die Kanten, die nach hinten
zeigen in einem Winkel von 45° ein.
Die Kante, die nicht zu sehen ist, wird
gestrichelt.

3.

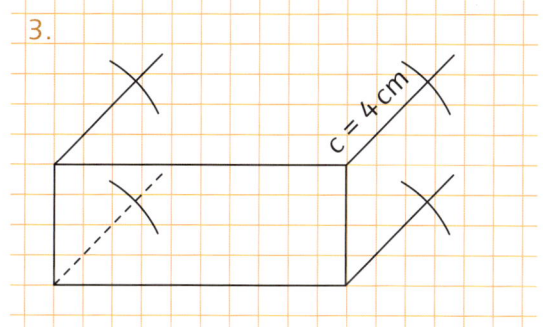

Die nach hinten verlaufenden Kanten
werden um die Hälfte gekürzt:
aus c = 4 cm wird c : 2 = 2 cm.
Verwende einen Zirkel.

4.

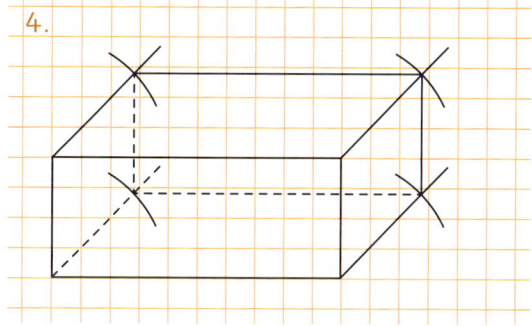

Zeichne alle Kanten ein, indem du die
Eckpunkte miteinander verbindest.
Die Kanten, die nicht zu sehen sind,
werden gestrichelt.

1 Zeichne ein Schrägbild des Quaders mit den Maßen a = 8 cm; b = 2 cm; c = 6 cm.

Schrägbilder zeichnen

1 Dieses Punkteraster erleichtert das Zeichnen von Schrägbildern.
Zeichne das gezeigte Beispiel nach. Schreibe die Maße an die Zeichnung.

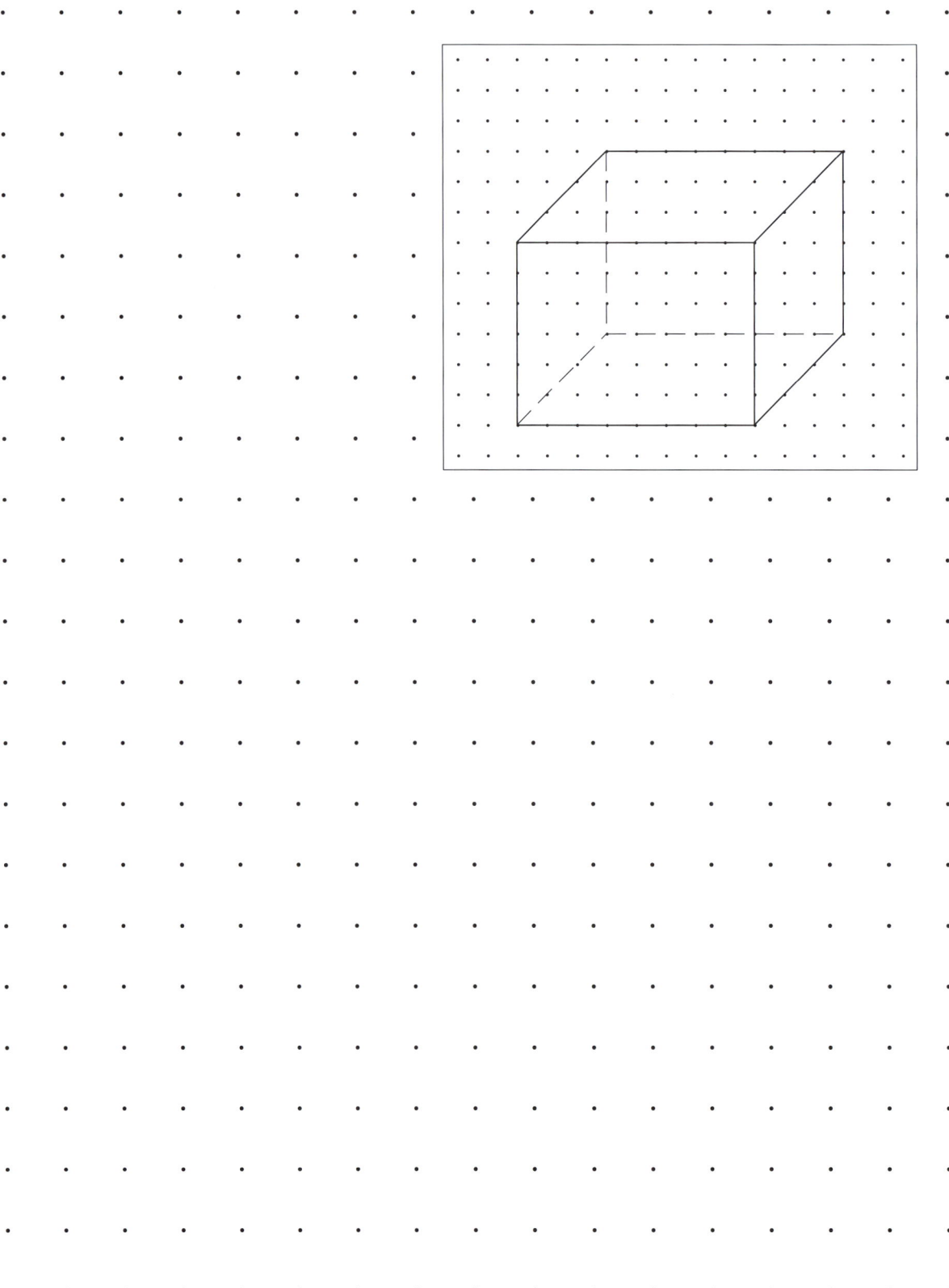

2 Zeichne weitere Schrägbilder von Quadern auf Kästchenpapier.

a) a = 2 cm; b = 6 cm; c = 9 cm

b) a = 6 cm; b = 6 cm; c = 6 cm

c) a = 7 cm; b = 3 cm; c = 4 cm

Das kann ich schon

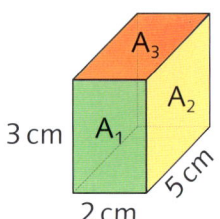

1 Berechne die Oberfläche des Quaders mit den Maßen
a = 2 cm, b = 3 cm, c = 5 cm.

☺☺☹

2 Berechne das Volumen des Körpers. Er ist aus Zentimeterwürfeln zusammengesetzt.

a)

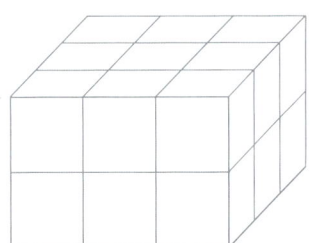

$V_Q =$ $c\,m^3$

☺☺☹

3 Das Containerschiff „Mol Competence"
kann 8 110 Container transportieren.
Ein Container ist 3 m breit, 3 m hoch, 3 m tief.
Wie viele Kubikmeter sind das, wenn das Schiff voll ist?

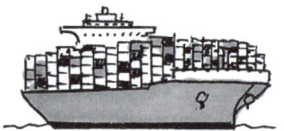

Das Volumen eines Containers beträgt: _____

☺☺☹ Das Volumen von 8 110 Containern beträgt: _____

Auf einen Blick:

Flächen und Körper

Dreieck

Einteilung nach den Seiten:

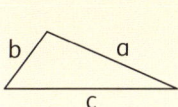 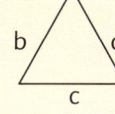 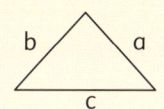

allgemeines Dreieck   gleichseitiges Dreieck   gleichschenkliges Dreieck

Einteilung nach den Winkeln:

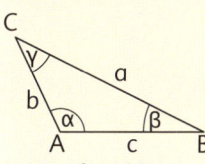 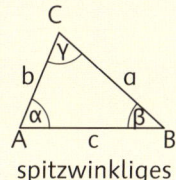 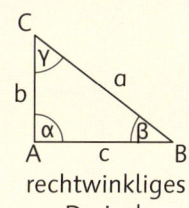

stumpfwinkliges Dreieck   spitzwinkliges Dreieck   rechtwinkliges Dreieck

Winkelsumme: $\alpha + \beta + \gamma = 180°$

Dreieckskonstruktionen

SSS – drei Seiten sind gegeben

SWS – zwei Seiten und der eingeschlossene Winkel sind gegeben

WSW – eine Seite und zwei anliegende Winkel sind gegeben

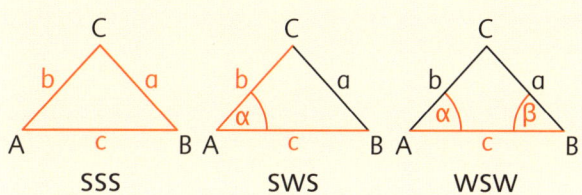

SSS   SWS   WSW

Umfang

Der Umfang gibt an, wie lang alle Seiten der Figur zusammen sind. Um den Umfang u einer Figur zu berechnen, werden alle Seitenlängen addiert.

Formelzeichen: u

Maßeinheiten: m, cm, mm (wie die Länge)

Kreis

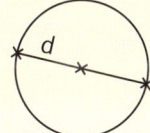

$$u_O = \pi \cdot d$$
$$u_O = 3{,}14 \cdot d$$

Rechteck

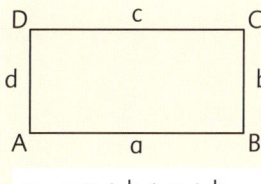

$$u_\square = a + b + a + b$$
$$u_\square = 2 \cdot a + 2 \cdot b$$

Quadrat

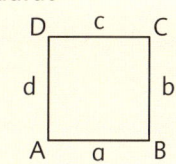

$$u_\square = a + a + a + a$$
$$u_\square = 4 \cdot a$$

Dreieck

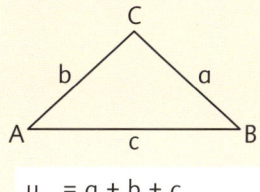

$$u_\triangle = a + b + c$$

Parallelogramm

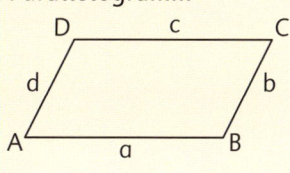

$$u_\square = a + b + a + b$$
$$u_\square = 2 \cdot a + 2 \cdot b$$

Flächeninhalt

Der Flächeninhalt gibt an, wie groß die Fläche einer Figur ist.

Formelzeichen: A

Maßeinheiten: m^2, cm^2, mm^2

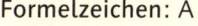 $A_\square = a \cdot b$

$A_\square = a \cdot a$

Parallelogramm   **Dreieck**   **Trapez**

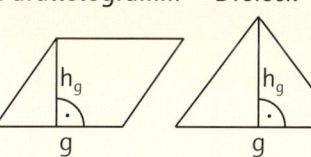 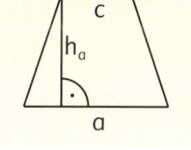

$A_\square = g \cdot h_g$ $A_\triangle = g \cdot h_g : 2$ $A_\square = (a + c) \cdot h_a : 2$

Flächeninhalt zusammengesetzter Flächen:
Zerlege zusammengesetzte Flächen in Teilflächen, die du berechnen kannst.

Körper

Schrägbilder

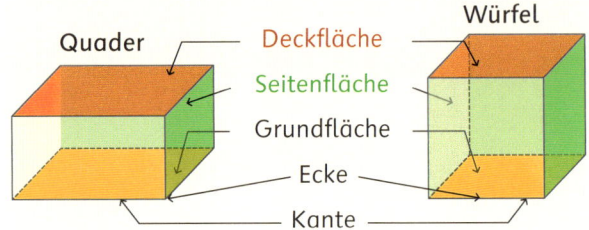

Quader — Deckfläche, Seitenfläche, Grundfläche, Ecke, Kante

Würfel

Prisma

- Körper mit mehreren rechteckigen Seitenflächen
- Deckfläche und Grundfläche haben die gleiche Form und sind parallel zueinander
- Quader und Würfel sind auch Prismen.

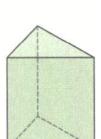

Dreiecks-Pyramide

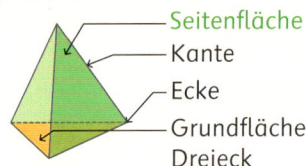

Seitenfläche
Kante
Ecke
Grundfläche
Dreieck

Vierecks-Pyramide

Seitenfläche
Kante
Ecke
Grundfläche
Quadrat

Zylinder

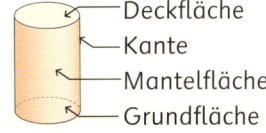

Deckfläche
Kante
Mantelfläche
Grundfläche

Kegel

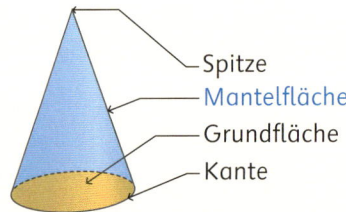

Spitze
Mantelfläche
Grundfläche
Kante

Oberflächen von Quadern und Würfeln

Zur Oberfläche eines Körpers gehört alles, was man von außen sehen kann.

Oberflächenberechnung

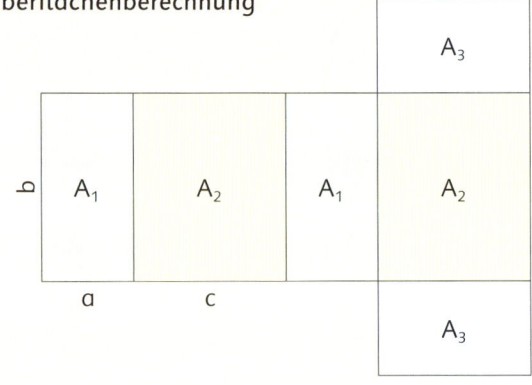

1. Berechne den Flächeninhalt jeder einzelnen Fläche.
2. Addiere dann die Flächeninhalte aller Flächen.

Formelzeichen: O

Maßeinheiten: m^2, cm^2, mm^2

Oberfläche eines Quaders

$O_Q = 2 \cdot A_1 + 2 \cdot A_2 + 2 \cdot A_3$

Oberfläche eines Würfels

$O_W = 6 \cdot A$

Volumen von Quadern und Würfeln

Formelzeichen: V

Maßeinheiten: m^3, cm^3, mm^3

$V = \text{Länge} \cdot \text{Breite} \cdot \text{Höhe}$

$V = \text{Grundfläche} \cdot \text{Höhe}$

Volumen eines Quaders

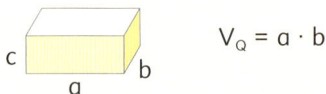

$V_Q = a \cdot b \cdot c$

Volumen eines Würfels

$V_W = a \cdot a \cdot a$